# 心靈簡單就是美

## Inner Simplicity

愛琳·詹姆絲◎著
(ELAINE ST. JAMES)
黃漢耀◎譯
新聞局推薦優良譯者

◇學者對本書的簡單見證◇（依姓氏筆劃排列）

高柏園 ◎淡江大學中文研究所所長

愈多的簡樸，
愈多的自由。

袁保新 ◎佛光大學南華管理學院教務長

如果人的快樂不可能沒有自由的感覺，
那麼對外在世界愈少的依賴我們會愈快樂。

◎國立中央大學中文系教授

美當然可以繁複，但繁複卻可能只是僞飾；簡單不一定就是美，但簡單之美卻不一定假。

# 推荐序一　靈性的環保

歐洲比利時魯汶大學哲學博士　石朝穎

記得我們這個世紀最著名的畫家之一的畢卡索（Picasso）曾說過：「藝術就是剔除那些累贅之物。」

換句話說，如果我們要使生活過得更接近「藝術」，似乎有必要把那些束縛我們的累贅之物，從生活中剔除出去。例如：本書作者在她那本《生活簡單就是享受》（Simplify Your Life）一書中，所提供的一百則幫助我們過簡樸生活的具體方法。然而，從「靈性的環保」看來，她在《心靈簡單就是美》（Inner Simplicity）一書中，所提供的靈性淨化經驗，似乎是更根本的法則。因爲只有從內在的「靈性生活」的淨化做起，才能更具體的實踐在我們的

外在生活上。

例如：一位自願選擇騎單車上班的人，他內心很願意這樣做，因爲他騎單車可以做身體上的運動，可以接觸戶外的大自然風光；同時也能達到節約能源，避免製造空氣污染……。反之，一位被迫騎單車上班的人（可能由於財力的不足或政策法令的強制）他在騎單車上班時，每踏一腳，心中就充滿著不快的心情。因爲他渴望能得到開轎車上班的舒適與快速，他不會考慮到騎單車對自己的身體健康、節約能源或減少空氣污染所帶來的好處。

從上面這個實例可以看出，要過一種「簡樸的生活」，還是應先從「心理」的認知做起。愛琳．詹姆絲女士，在這本《心靈簡單就是美》一書中，就是在分享她個人實踐內心簡樸生活的過程。如果讀者已看過她的《生活簡單就是享受》一書，這本告訴我們如何做好「靈性環保」的書，更是不可錯過。

# 推荐序二　單純而清明的心靈

三軍總醫院精神科醫師　江漢光

長年從事醫學的研究和臨床工作，使我深知單純而完整的生活型態，以及均衡而自然的身心狀態，是維護健康的不二原則，任何偏離此正道的追逐健康方法，都將被證實爲虛妄而無益。

在本世紀內最後二十年內神經醫學的快速進展，已得知精神衛生的最高策略是面對和接受自己的體質和性格型態，並從中營造良性而溫和的心理環境使之對自身更爲有利。其中純化物質和感官之刺激，並由此緩和生活情境的壓力，使我們有較多較大的空間做激勵補償或昇華情緒，以便促進自我實踐和體認人生的真義與尊嚴，才是悠遊人世不枉今生的生活享受和心靈智慧所在。

況且任人皆知，單純而清明的心靈，極易使人能隨時虛心學習體會，並升高一層觀察思考，而致改變觀念和打破習慣領域，完成令自己都驚訝的體力激盪和潛能發展，這一切在《心靈簡單就是美》一書中刻劃入微，如果真能將閱讀此書心得融入生活模式中實踐，無疑的將是你我最大的獲益，也是精神醫學上最樂於見到的結果。

# 目錄

◇學者對本書的簡單見證◇ 3
推薦序一 靈性的環保◎石朝穎 5
推薦序二 單純而清明的心靈◎江漢光 7
作者序 13
譯者序 19
第一章 簡單就是美 21
1.簡單過日子／22 2.擁抱大自然／24 3.禮讚陽光／26
4.創造美麗「空」間／28 5.不必苦行／30 6.享用沉默／32
7.安靜的聚餐／35 8.自療／37 9.打開創造潛能／39

10.抓住良機／41
11.慢工與細活／43
12.「接受」的藝術／45
13.務實／47
14.不必要的雜音／49
15.享受每一剎那／51
16.閱讀／53
17.不要在床上看書／54
18.睡飽好／56

## 第二章　看葡萄的心境　57

19.隱遁的週末／58
20.全家一起來／60
21.不勉強／61
22.殊途同歸／63
23.支持團體／65
24.坦誠才相聚／67
25.有趣的團聚／69
26.看葡萄的心境／70
27.沉思的小天地／72
28.肯定的宣示／74
29.圖示擬想／76
30.善用右腦／78
31.日記的妙用／80
32.求助／82
33.向宇宙求助／84
34.向怨恨學習／86
35.記住這件事／88
36.找老師／89
37.假大師／91
38.一笑置之／94
39.規律的心靈活動／96
40.打破規律／98
41.回顧／100
42.多微笑／102

## 第三章 物慾的割捨 103


43.媒體管制／104
44.新聞在我心裡／106
45.小時候的信仰／106
46.檢查目前的信仰／110
47.接受治療／111
48.不同的治療／113
49.跳出框框／115
50.挑戰恐懼／116
51.分享你的恐懼／118
52.體驗死亡滋味／120
53.物慾的割捨／122
54.開始說「不」／124
55.沒有說「不」的代價／126
56.誠以待人／128
57.侮辱／129
58.耐性／130
59.多笑好／132


## 第四章 黑石與白石 135


60.自律／136
61.星星貼紙／138
62.戰鬥／140
63.黑石子與白石子／142
64.煩惱／144
65.不必審判別人／146
66.打枕頭驅怒氣／148
67.怎麼回事？／150
68.爲自己負責／152
69.接納自己的缺陷／153
70.學習寬恕／155
71.脫離關係／157
72.自己找答案／159
73.生命的課題／161
74.瘋狂消費／163
75.鍛鍊身體／165

76.提昇能量／167
77.美味的耽溺／169
78.飲食之道／171
79.固定的生活類型／173
80.改變／175
81.難關是天賜大禮／177
82.感恩的心／179
83.勇於思考／181
84.流淚好／183

## 第五章 有趣的神秘經驗 185

85.拜訪通靈者／186
86.古文字奧秘／188
87.潛意識錄音帶／190
88.往上飄／192
89.瘋狂寫作／194
90.吟頌／195
91.飆舞／197

## 第六章 享受獨處之美 199

92.學習傾聽內在的聲音／200
93.學習享受獨處／203
94.無爲／205
95.隱遁／207
96.吐納術／209
97.探索夢境／211
98.冥想／213
99.喜悅心情／215
100愛／217

# 作者序

愛琳・詹姆絲

多年前，我與外子吉伯斯開始簡化我們的生活。後來我們慢慢體會到，我們根本不可能做好想做的「每一件事」。因此我們坐下來，思考該如何處理，而最重要的是，我們應該決定，我們「真正」想做的事是什麼。

然後我們開始安排，一步步簡化生活，終於，我們有更多的時間與精力，可以做我們認爲更重要的事，至於其他的事，則暫不考慮執行。

我們消除生活上的許多雜務瑣事，並從大宅院搬進小公寓，開始快樂、解放的新生活之旅，然後我把心得寫成一本書：Simplify Your Life（即《生活簡單就是享受》，已由新路出版公司出版）。

當時，我們整個心力集中在外界的生活簡化，像是家務、家庭收支、職業生活、社交生活，以及日常的生活形態。經過好一陣子的努力，我們生活得更快樂、更健康、更滿意。

簡化外界的生活，讓我們有機會發現到，內在的生活也是可以簡化的。

我慢慢看出，以往內心的衝突，現在我有能力解決了，而過去限制我的習慣類型，也可以被改變，同時，我也能建立新的心靈路向。

我越往內省視，發現內心可簡化的東西越多，在這同時，我身體、心靈、靈魂的喜樂，也隨之滋長。

於是，我開始探索如何簡化內心生活的方法。

＊　＊　＊　＊

什麼是內心的簡化或單純化呢？我發現這並沒有固定的答案，完全因人而異。

對我來說，內心的簡化意謂著，投入這個世界所提供的美好事物當中，譬如家人之愛、朋友之愛、奇妙的大自然，以及安靜、沉默的深思之後，所獲得的寧靜、澄澈。

也可以說，這就是接觸我們的創造力，順著自然本性，設想出該做什麼努力，治療自己的創傷與苦惱。

對我而言，簡化的內心等於從生活中創造快樂，並讓這種喜悅心情，延伸到每一天的每一時刻。

這也意謂著，面對生活挑戰，征服自己的恐懼，然後拋棄無法讓我們發揮自我的傷害與創痛。

簡化內心就是，消解心靈累贅，例如煩惱、憤怒、審判，獲得生命上的詳和、寧靜。

它也意謂著，探索意識的種種層次——包括已知的與未知的，因爲我發現，拓展意識的不同層次，可以提昇我們的覺性，瞭解如何過最好的生活，並掌握最佳的生命契機。

簡化內心同時也是，與比我們更偉大的力量結合，這個更偉大的力量，有人稱之爲上帝、神、道，或是宇宙能量。對某些人來說，簡化內心代表著，創造出內心與外界生活的平衡。

思考到這裡，我體會到，對於簡化內心的探索，其實早在我十八歲就已經開始了，我開始質疑童年時代的信仰（45法）。然後我又花了十五年的時間，

探索內心成長的各種可能性，包括學習冥想（98法）、找尋良師（36法）、「肯定」（28法）、圖式擬想（29法）、飲食之道（78法）、練習瑜珈與深呼吸（96法）、探索心靈意識的各種層次（97法）、而且不斷閱讀（16法）。

其實，在我開始簡化外界的生活後，我就不斷檢查爲什麼要簡化生活的動機，後來我慢慢發現，我真正想要的是騰出更多時間，返觀內心，並滋養我的靈魂。

同時我也列出一些在第六章提到的方法，包括獨處、無爲、發揮直覺、體驗各式各樣的冥想。此外，我在第四章所討論到的東西，譬如寬恕、驅除怒氣、找出生命課題、戰勝負面思想等等，都是我不斷努力的點點滴滴心得。

而我也經常利用機會，用較爲輕鬆的方式，面對嚴肅的生命大事。像是聽「潛意識錄音帶」、玩古文字、吟頌、飆舞、創造喜悅心情等等，這些在第五、第六章都有提到。

直到現在，我依然繼續找尋各種不同方式，簡化生活，並讓內心更爲單純。

＊　＊　＊　＊

經常，許多人對簡化生活很有興趣，但是卻把握不住重點，不知如何著手實踐，大家常問我：「簡化生活之後，多出來的時間你到底是如何打發的？」

「簡化內心」本身，對這個問題就有解答，而本書列出的一些事情，都是我簡化生活、簡化內心過程中，利用時間去探索的心路歷程。

然而，這些心得只是我的。簡化內心並不是要排斥其他東西，每個人都有想達成的目標，因此，每個人的心得都會有所不同的嚮往。

我常認爲，簡化內心最好把它視爲是餐前的開胃菜。當你食指大動之後，還有許多大餐等著你享用。我們不必急、也沒有所謂的截止日期。你應該順其自然，好好運用你的時間。

讓內心單純，對於個人的成長將提供無限可能性。它能讓你過自己想要的生活，提供你無窮的能量，並澄清你的心靈，朗照你以前想都沒想過的人生目標。而且，它能提昇你愛自己、愛他人的能力，幫助你創造出無時無刻都內在於自己的喜悅心情。它提昇你的生命境界，帶給你新希望，讓你看出，原來世

間的一切都那麼美好。

我誠懇邀請你，進入簡化內心的世界，這絕對是刺激無比的冒險之旅，同時，這也是光輝、喜樂的神聖之旅。你更懂得生命的奧秘、大自然的奧秘，然後，所開發出的潛能貫注到你的內心、擴充你的心靈，而你的靈魂提昇到全新的妙境。

# 譯者序——知足之足

黃漢耀

參觀完琳琅滿目市場後，蘇格拉底很感慨說：「原來，世界上還有那麼多東西，我用不到！」

「儉故能廣」，我們的心靈是無限廣大的。假如，我們把心靈內涵，設定在財貨與慾望的滿足，那麼，我們將無止盡競逐永遠填不滿的心靈空洞，甚至貪得無厭，然後弔詭地不知滿足為何物。

可是，如果我們懂得心齋與心靈環保，喜悅與成長竟可以無窮無盡瀰漫，而且「知足之足，常足矣。」

（譯者注：原《生活簡單就是享受》一書中所提到之《簡化生活，內心開始》即為本書，特此聲明。）

# 第一章
# 簡單就是美

# 1 簡單過日子

如果你想過簡單的內心生活，不用說，想必你早已著手進行，簡簡單單過日子。可是如果你還沒有實行，或許你正在思考，如何簡化生活，追求內心的成長。

我曾在之前的一本書《生活簡單就是享受》(Simplify Your Life，新路出版公司出版)，條列一百個簡化生活的守則——包括處理家務、收支、社交、上班活動與個人生活——那是我與外子吉伯斯磋商的共識。然後我們擁有更多的時間與精神，關注真正對我們重要的事情。

如今回想起來，我覺得，關鍵處不在於我們擁有更多**時間**，而是如何運用時間，探索心靈，也就是說，時間的**品質**比時間的數量更重要。

我發現，光是安排好作息，騰出時間，在週末下午安靜獨處（93法），這樣是不夠的；如果我反而心思紛擾，掛念該去超市添購哪些物品、何時動手清

除雜草、或是煩惱晚上到傑克家聚餐(potluck)，該自備哪些菜餚（54法），那麼，下午多出來的時間，其實也沒什麼意義。

能夠排除心神的無謂紛擾，我們才能真正享受安靜的美妙。

常常有人藉著打坐、瑜珈、冥想，放鬆生活上的壓力，清涼內心。可是，如果他們沒有努力改善生活的其他領域——例如，減少工作負荷、減少社交應酬——那麼，繁忙的生活形態仍一如往昔，不能登堂入室，回應內心的清涼邀請。

請花一點時間思考，生活上有哪些事可以做得到，讓日子過得更單純。

簡化的生活將幫助你，創造清靜、沉穩的心靈，這樣的心靈，將讓你在人生的大海中，堅定而持續地航行。

## 2

# 擁抱大自然

歷史上有許多文化教導我們，大自然是整合內心生活的必需品，可是現代生活，幾乎切斷人和大自然的聯繫。戶外的天地總是洋溢生機，有著復元、鼓舞的偉大力量，可惜的是，我們不再從大自然吸取能量。

追求精神生活的人，一定要擁抱大自然。如果每天散步是你的養生之道，別忘了戶外的美景與新鮮空氣，它們會提昇我們的心靈美感，陽光、藍天，還有芬芳的泥土，多美的自然物！

邁出你的第一步之前，請深吸一口新鮮的空氣，鼓動活力，然後欣賞今天的天氣，無論它是陰是晴、是寒是暑。散步途中，你有沒有看到青翠綠樹、唱歌的鳥兒、盛開的花朵？請讓燦爛的大自然活化你的身體、治療你的心靈、提昇你的精神。

如果你沒有外出運動的習慣，至少，每天應該花點時間欣賞大自然，讓大

自然賜給你能量。請從明天早上開始，站出屋外，至少五分鐘。在你搭車或跳進火車之前，利用時間，觀賞一下天空的雲彩，或是草地上的露珠。

或者，下班後先不必急著進家門，請在戶外佇立五分鐘，感謝又過了美好的一天。

氣候允許的話，何不外出，到公園吃午餐；或是找一片有樹蔭的草地，安安靜靜地與大自然對談。如果天氣晴朗，請多多深呼吸，舒展你的身體、你的心靈（96法）。

晚上就寢之前，請養成習慣，打開大門，走到戶外，幾分鐘就可以了。鼓勵你的另一半、子女加入。即使一個深呼吸也將令你享受到自然的清新，相忘於寂靜的深宵，與高曠的夜空一起思考。

如果你住在盡是水泥建築的大城，那更要抽空到附近的公園或野地散散心。而且，假日一定要去有自然美景的地方，充充電，同時從宇宙能量的接收裡，接觸真正的你。

# 3 禮讚陽光

以往的許多進步文明，還有英雄豪傑，莫不歌頌太陽，因為陽光照亮我們的靈魂。

每個人都知道，身體需要陽光，強化我們對維他命與礦物質的吸收。然而，大部份人有百分之九十的時間，是接受人工照明。

很多研究顯示，不少人因為缺乏陽光，身體變得衰弱。醫學人員最近更發現，有人罹患「季節情緒異常」(seasonal affective disorder)，也就是說，某種人格類型的人，更需要陽光。

讓心情開朗的最簡便方法，就是晒太陽。

短暫接受陽光的洗禮，對於我們整個身體、情緒、心靈健康，是絕對有益的。不過更重要的是，接觸陽光更可令我們生龍活虎，精神振奮，內心也將因此而成長。

盡可能利用清晨或黃昏，迎接陽光的祝福，十至十五分鐘就可以了。冬天的時候，更應該靜靜坐在窗戶旁，邀請暖煦的日光，做個迷你太陽浴。

請體驗接觸陽光的心情。每天的新太陽，相信會帶給你更廣闊的心靈。

# 4 創造美麗「空」間

我們除了該利用時間，欣賞美麗的大自然，並讓大自然補充身體能量，此外，我們也該經營自己的環境，讓合宜的環境提昇性靈。

並不是說，你應該趕快去逛街，採購一些美麗的飾品回來。我的意思反而是，應該清理混亂的雜物，丟掉某些沒有用的東西。架子上一只素樸的花瓶，說不定讓我們的視點更集中，比起眾多足以讓我們分神的物品，對於生活更有實質的意義。

當然，我的意思同時也是，創造美麗的「空」間。

我有一位學藝術的朋友，多年來一直有收藏小藝品的習慣。有些她是跟藝術家朋友交換的，另有些則是到世界各地旅遊時購買的。她的家很像小型博物館，到她家的人都必須強迫參觀一再添增的畫作與雕刻。

最近，她突然決定把所有的東西都清掉。因爲，有一天她覺得很煩，然後

想到，那麼多東西，她很容易分心，更無法集中精神瞭解自己在想什麼。

藝術品美則美矣，可是太多的話不僅佔據空間，而且她不斷擔心，怕藝術品受損，更何況，每天她還要打掃積塵、調整照明、檢查保全設施，這麼多雜務當然很煩。

最後她體會到，她需要留白的美，而且是可以沉思的空間。於是她清除所有的收藏品。以前她一直認爲，沒有這些小藝品，日子不知怎麼過下去，但是現在她終於體會「空」間的意義。

也許你也該檢視一下自己的環境，包括你的家、你的辦公室，說不定你會注意，某些東西經年累月放著，你根本用不上，而且，它們還令你不快，只是你沒有意識到而已。

請趕快動手，好好經營你的空間，讓屬於自己的環境變得更美麗，讓你的精神解放。

# 5 不必苦行

自從我懂得排除生活上的雜事、雜物，這些令我分心的無謂糾葛，以前我一直沒有意識到，然後我的生命才有真正的累積，並有能力反觀內心。

一位朋友說：「我贊同你的做法，可是，我不想過禁慾的苦行生活。」

我答道：「我也不想過苦行的生活啊！」

這位朋友以爲，我們將拋棄世俗的一切，自建茅屋，遁居荒野。

我向她解釋，我們割捨許許多多物質，追尋內心，簡簡單單生活，這並不等於要剝奪或否定我們希望擁有的東西。我們所割捨的物質，都是對我們的圓滿生活，不再有任何益處的。

而且，這樣才能創造出平衡，內在與外在的平衡。很多現代人，在耗費大半時間追求生涯成就、追求金錢財富之後，終於懂得走回心靈深處。我們的內心世界，被遺忘太久了，因此，我們的靈魂渴望被關注。

奉獻更多的時間與精力，耕耘我們的內心生活，將會創造出內外之間的平衡，並讓我們的外在生活更趨圓滿。

過著圓滿的生活並不意謂，我們什麼都有，任何地方都可以去，想做什麼就做什麼，或是，對任何人有求必應。許多人已經懂得「多則擾」的道理。擁有太多，活動太多，往往妨礙真正有意義的生活享受，並干擾我們成爲真正的自己。

只要有心回歸單純，我們就可能昇起智慧，選擇對我們的生活真正有益的事物，然後有助於心靈的平靜與快樂。

原則上，減少活動，不必擁有太多，可以達成這樣的效果。不過，我們之所以做這種決定，並不是自我否定，反而是智慧的抉擇，因爲，我們有更多時間，注視某些對我們是真正重要的東西，然後我們自動放棄其他種種的無謂糾葛。

# 6 享用沉默

為了傾聽內在的聲音，我們必須盡可能消除外在的喧囂。你可以從觀察每天的生活裡，到底吸收多少噪音開始，意識問題的嚴重性。

通常，噪音始於一日之計的刺耳鬧鐘，我們的神經就此緊繃著，接下來是嗡嗡響的電動牙刷或沖牙機，或者是呼呼大作的吹風機。這時候嘮叨的晨間新聞播報，還有歌唱或談話性節目，也加入了，噪音分貝又升一級。然後暖車的隆隆引擎聲上場，在尖峰時段的公路上，喇叭與飛嘯而過的車輛嘶吼，此起彼落。

我們朝九晚五的一天，辦公室的種種電化設備繁忙運作，電話鈴聲不斷，而同事、客戶、上司隨時都會干擾你，這就更不用提了。

週末或假日，左鄰右舍總會傳來割草機的怒吼。在這麼多的噪音夾攻下，我們怎麼可能聽到自己的心聲？

當然聽不到。我們每天在噪音的壓迫下生活，可是卻沒有自覺。在這同時，我們似乎習慣了，無法想像如果沒有這些噪音，我們可以活得更好。如果你開始想探索內心，一定要盡量消除外在的喧囂騷擾，這樣才能聽得到心靈在說什麼話。

確實，有些噪音是我們所無法控制的——譬如交通噪音、節慶或民俗噪音。可是，至少你可以從自己擁有的空間開始做起，創造更爲安靜的環境。

何不學習不用鬧鐘的方式自然起床。運用你的右腦（30法），在臨睡前觀想你第二天在幾點準時起床。

嘗試在某段時間不看電視，或不聽音響。同時，散步或運動的時候，請把隨身聽放在家裡。駕車的時候，也請關掉收音機或錄音機。沐浴在安靜裡，讓你的內心與安詳的時刻結合。不要讓娛樂或廣告，攻陷你的內心。

拔掉電話吧！讓答錄機安安靜靜接收口訊，別擔心錯失任何該聯絡的事項。

你可以安排到某個寧靜的小鎮或山城，短居數日，或是假日待在家中獨

處，避開任何聚會或電話接觸，欣賞安靜，並從中體驗沉默的喜悅。

如果你似乎無法適應，讓我告訴你，沉默、安靜的時候，剛開始是有點怪怪的，不過你將慢慢珍惜那一刻。最後，你甚至覺得鼓舞，因爲那是你追求內心生活所不可或缺的。

# 7 安靜的聚餐

不論是個人用餐或家人一起吃飯，偶爾試著不說話，一起保持沉默。通常，一天裡的生活壓力，往往讓吃飯變成索然無味的例行公事。或者，我們太忙了，忽略了可以不必那麼急，好好享受食物的滋味。我們總是在晚餐時狼吞虎嚥，匆匆趕赴其他的夜間活動。

請跟家人一起坐下，討論如何安靜吃頓飯。想像每個人虔誠來到飯桌，靜坐片刻，感受內心的互相交流。你一定會驚訝發現，沒有人說話，你反而聽見更多。

不發一語而安靜吃飯，你就不會心不在焉，只為填飽肚子。每個人將在沉默的籠罩下，表達對用餐的感恩，感激它提供我們心智的成長，以及身體能量的補充。然後我們才能專注於眼前的食物，品嚐每一口的滋味。

以前我們爲什麼總會倉促吃飯，幾分鐘內解決民生問題？甚至記不得我們

吃過什麼東西，食物的美味也沒有駐進我們的記憶裡。

安靜用餐的時候，當然不能看電視，也不要聽音響或收音機，不要閱讀。只是單純吃東西，跟家人做內心的交流。

如果家裡有孩童，經常在吃飯時保持沉默，對家人心靈上的團聚，將是值得學習的重要功課，而且，從小就灌輸他們對食物的感激，將建立起他們尊重飲食之道的美好價值。

# 8 自療

極多證據顯示，我們都有某種程度的自療力量。放慢你的腳步，學習觀看自己的內心，這樣就可能打通我們的自療能力，或至少我們懂得接受哪種適合的療法。

多年前，我在溪流做木筏旅遊時，扭傷背部。當時很多人向我推薦各種不同療法，多得眼花撩亂。

還好，那時候我已經開始過簡單的生活，懂得傾聽內心的聲音。早先我接受了六個月的治療，都是錯誤的折磨，然後我接觸古代的醫療技術——針灸，幾個星期後，我的背痛好了。

我的意思並不是說現代醫學沒有用，而是說，除此之外還有其他療法，能奇蹟似的醫治我們的病痛。但前提是，我們要花時間傾聽內心的聲音。

我們必須先考慮**所有**的醫療選擇。可是，如果你有某些疾病，或是身體受

傷，醫了許久仍未康復，而且各種傳統治療方式都是藥石罔效，那麼，激發我們的自療力量，譬如圖式擬想(visualization)或是積極的想像，或許對你會有幫助。一般的醫療技術，針對的都是我們的症狀與疾病，而不是健康與身心的調和，於是，療程有時候比疾病更可怕。

我知道，傾聽內心的聲音並不是那麼容易。扭傷背部的疼痛，還有種種的不方便，折磨了我六個月，一直無法正常生活。在這期間，我等於聽天由命，毫無辦法。

雖然說，背痛死不了，不是什麼嚴重大病，然而，坐困愁城無計可施，甚至不曉得要痛到什麼時候，心情上不免惶恐和氣餒。走投無路之下，能暫時止痛的藥方，或是後遺症不少的外科療法，都是很大誘惑。在還不會傾聽內心聲音的過去，說不定我會病急亂投醫的。可是，當時我懂得等待、傾聽。等待我的內心告訴我最合適的解決良方。

我們每個人確實知道用什麼方式治療自己最好。若環境許可，請利用時間獨處，安靜沉思，等待你的直覺出面，引導你最適當的治療方法或自療。

## 9 打開創造潛能

每個人天生都有脫俗的創造力。少數人受到幸運之神的眷顧，從小就嶄露鋒芒。而像我們一樣的大多數人，終身默默無聞，而且沒有意識到自己的創造力，甚至有的人更否認有這種力量。

也就是説，不少人相信自己沒有什麼創造力可發揮的，然後自認缺乏創造力。或許，他們小時候受到某種傷害，創造力因而被扼殺，或是曾被師長嚴酷指責而斵傷。或者原因很單純，只是沒有受到適切的鼓勵而已。

我跟絕大多數人一樣，從小就相信自己沒什麼創造天分。後來我慢慢發現，這樣的否定，只是我不想做某種新嘗試的藉口。我同時體認到，**自認為**本身沒有創造力，真的讓我創造不出任何**名堂**。

可是在另一方面，我對於各種藝術世界，也有好奇的探索熱忱。多年來，我參加過爲數不少的繪畫班、藝術創作班，特別希望學好畫圖。可是一而再、

再而三，我上不到幾堂課就心灰意懶，因爲我總覺得難爲情——全班好像只有我不懂得如何畫出東西。也許，你也有這樣的經歷，是不是？

一位作家說，這種情形就跟不懂法文的人，上幾堂法語課就因爲不會說法語而難爲情，然後打退堂鼓，同樣是荒謬已極，可是很多人都做這種事。因爲大家相信，如果我們沒有某種天賦，一輩子可能都學不會某種技藝。

現在，我的內心已不再紛紛擾擾，在日趨單純、平靜之下，我已經有能力接觸自己喜好藝術的一面。在我開始練習冥想的幾個月後（98法），而且，在我更懂得寬恕的意義（70法），幾乎是突然爆發的力量，我竟然開始畫起圖來。因爲我已經從冥想的修習當中，體會一切本當**如此**。不錯，我是**差勁**的畫者，這很正常嘛！我就是我。

對大多數人來說，接觸自己的創造力，我想方法不難，只要我們放慢自己的腳步，平心靜氣，集中心思觀看自己，然後就能學習到自我的本來面貌，並開發內心的創造潛能，你發現，這是一體兩面的。現在，你擁有更多的時間，請轉向內心找尋，打開潛藏許久的偉大力量。

# 10
# 抓住良機

我們都曾有這樣的經驗：某一天完美極了，在交通尖峰時段裡，你沒有塞到車，沿途綠燈，你直駛辦公室，時間恰到好處。然後你掃描到正好有停車位空著，好像爲你預留。上班時，整個星期聯絡不到的人，竟然自動出現，而且事情一談就妥。我們喝到的冰茶沁涼透心，而熱湯也冒著熱氣，令你精神一振。我們提的計劃，被核准了，而且經費特別充裕。這一天，每件事都好得不得了，來得正是時機。

自從我採取行動簡化生活——包括外在的與內在的——我發現在各個領域裡，比起以前的複雜生活，我更能掌握有利時機，而且越來越熟練。每當我清楚知道，我需要什麼的時候，環境竟也奇蹟似地配合我的需求。

仔細回想這種「巧合」，我體會到，在我還沒有放慢自己的腳步，過簡單的生活之前，良機即將出現的訊息與可能性，早就擺在那裡了，可是我實在太

過忙碌，沒時間注意，或者根本不相信良機即將出現的訊息。

這並不是說，現在每件事我處理得都得心應手。不過，至少我已經學習到，如果事情進行得不順利，我必須放慢腳步，並傾聽內在的聲音，然後我掌握住機會，事情又開始動了起來。

放慢步伐、觀察內心，將有助於你在生活裡，掌握自己想要的東西，同時也將擴展你的時間與精力，讓良機自然而然浮現，生活因此更爲快樂。

如果你希望掌握生活上的良機，也許現在正是時候了，你必須正式向自己、向整個宇宙宣告，說你想要掌握好時機。奇妙得很，當你有這樣的宣告之後，事實真的就會發生。

# 11 慢工與細活

自從我開始簡化生活，有件事卻出乎預料，我的生活步調並沒有隨之放慢下來。生活裡各個領域仍然是快節奏的。匆忙與快速，成爲「**習慣**」。儘管我們簡化了許多日常瑣事，如果周遭的人照舊腳步匆匆、電話鈴聲響個不停，想要放慢腳步，就必須花費更大的工夫。

請開始計畫，如何在一日之計的早晨活動裡，放慢自己的腳步。首先，你最好提早半小時起床，以免擔心遲到，然後用衝鋒陷陣的態度做事情。

**坐下來**，慢慢享用你的早餐，悠閒地吃每一口，不要有收音機、電視機、早報，避免分心，你只須專心享受美味。

心思一定要貫注在爽口的食物上，特別是，如果你經常在速食餐館狼吞虎嚥，更需要有安靜的空間，在家好好享受佳餚之美。當然，可能的話，寧可不要去速食店，何不徜徉在公園涼椅，靜靜享用午餐，順便沐浴陽光，或是找個

花木扶疏的蔭涼草地，在大自然中吃東西。

也要安排好充裕的時間，提早出門。可能的話，安步當車，或是搭公車、利用大眾運輸工具，這樣你就有更多清靜的心靈空間，不必自己開車，在急促的街道上與人競爭。如果你非開車不可，請遵守交通規則，在都市的限速內駕駛，沒有必要急急忙忙地橫衝直撞。何不保持悠哉悠哉的心態，你將知道，能夠朝目的地一步步前進，都是值得感激的。

運用自黏式便條紙，在家裡、辦公室，寫些提醒的話，告訴自己**放慢腳步**。我一再發現欲速則不達的事實，匆忙中，只會做更多錯事、浪費更多時間。凡事慢慢來，把事情做好，**享受過程**，這才是第一要務。

具體檢查生活的各領域，設計放慢腳步的方法。如果你已經簡化生活，省去許多瑣事，相信會擁有更多的時間。那麼，請運用這些多出來的時間，調整生活步調，專心做每一件事，並享受專心做事的樂趣。

放慢腳步將幫助你感受專心做事的每一個過程，並深入接觸內在的自我。

12

# 「接受」的藝術

多年前，我跟隨一位充滿智慧的女士修習瑜珈，她教我**接受**的藝術。我們細心做好每個動作，然後沉靜一段時間**接受**瑜珈帶來的益處。那真是寶貴的功課，我在生活的各個領域，都能發揮**接受**的神妙。

請培養習慣，對於你所做的任何事，**接受**它們帶來的好處。例如，當你散完步，何不多花片刻，**吸收**運動帶來的精神振作，還有新鮮空氣送給你的好心情。

當你吃完飯，靜坐下來，**感受**食物滋養你身體的益處。

當有人稱讚你，何必聳肩或故作客氣，大大方方**接受**心底的喜悅不是很好嗎？當你體貼別人，也請真誠享受別人的喜悅回饋，並祝福**自己**的善行。

當你完成了某個計劃，請花點時間感謝自己的努力，不必急急忙開始籌設下一個計劃。

每天，太多不尋常的事在我們生活裡發生。一般人總是輕忽它們，或是小看它們，好像它們毫無價值。不對，它們是很重要的。請多花點時間關照它們。

小事情的話，你只需花個一、兩分鐘注意它們，**接受**它們帶來的好處。如果是大事情，譬如執行某項業務、達成重要目標，請先計劃一下更多的時間，好好沉浸在完工的喜悅裡，慢慢品嘗，並**接受**美好。

現在，你的生活已經簡化，你有更多時間觀察生活良機，觀察美、愛、歡笑、還有你的工作。當這些事情來到你眼前時，讓它們帶來的美好盈注你，瀰漫你。

然後你會有非常真實的感覺，日常生活裡有了這些事，你會成爲真正的自己。請享受它們，請接受它們提供的善與美。

# 13 務實

在我們下定決心，要開始簡化生活時，吉伯斯與我共商哪些事是優先該做的。我們列出二十至三十個必須全心全意做到的事情。可是真的開始簡化生活的時候，雖然我們有更多時間、更多精力，可是依然無法達成理想，該做的事情很多還照顧不到。

於是我們退一步，畢竟我們還是初學者，我們只選擇四、五件最重要的事，努力去照顧，那就是：我們的婚姻，我們的寫作生涯，多花時間和家人、好友相處，多閱讀、多注意文化活動。

這些優先事項，看起來不多——至少和我們先前的**預期**相比，或是和大多數人想獲得的東西相比是這樣子。可是反過來想，如果你擁有配偶、子女、寫作以及某些無法推卸的責任感，三、四項該優先照顧的事情，幾乎等於生命的全部了。我們不可能擁有一切，特別是，我們還要提昇心靈的品質。

追求心靈成長也必須花時間的，如果想要豐收，更必須排除瑣事，以免分心，不能再像以前一樣，讓雜務佔據我們所有的生活。

所以說，當你開始改變生活形態，在優先事項的選擇上，一定要很務實，保持外在與內在目標的平衡。你也要告訴自己，不是你想做的每件事都可以做得來的。

## 14 不必要的雜音

除了設定該照顧事情的優先順序外，如果你還能列出：生活裡你不需要什麼，這對你都是很有好處的。

在感情上、心理上，我們總有許多雜念、雜事，而且不斷累積，阻礙我們內心的平靜。

我們的雜念、雜事包括：明明不是很想做的事，可是卻偏偏要去做，我們認爲應該要做，或非做不可。

也許，我們浪費時間，與某些合不來的人相處，而他們對我們內心的成長，或感情交流，毫無助益。

也許，我們在極不樂意的情況下，勉強做某件事。

也許，我們是想做某些事，可是野心太大，好高騖遠，結果包攬太多事在身上。

也許，我們丟三落四做事情。

也許，我們婆婆媽媽，毫無營養胡扯亂聊，既浪費精神，又自覺面目可憎。

我們的雜念倏來倏去，有時候憂愁無法改變的過去，有時候煩惱不可知的未來，既分心又傷神。

如果你的生活已經處於和諧狀態。你會覺得，某些雜念、雜務是不必要的，不過，你還是要費點力量，把它們消除。

你應該安安靜靜坐下來，拿出紙和筆，盤算未來幾天裡，你要有什麼樣的心靈境地，擬出計劃，把不必要的干擾排除。

# 15 享受每一刹那

讓內心單純的終極目標，就是要掌握每一刹那，快快樂樂過生活。請記住，生活就是每一刹那的連續。許多人浪費時間在追悔過去、抱怨現在、煩惱未來，然後失去珍貴的生命。

煩惱、追悔，或是焦慮，都是一種**習慣**，讓我們閉鎖在舊的行爲模式裡，不過，只要我們認知到有這一回事，壞習慣是可以革除的。

如果你發現自己正有這種習慣，並因此而找不到快樂，請思考一下，如何做些改變。光是想並沒有用，一定要化爲行動，才能培養新**習慣**，享受生命的美好。請利用桌曆或月曆，在上面加註星星記號或貼上星星貼紙，藉此瞭解是不是開始培養新習慣了（61法）。

另一種享受每一刹那的方法，就是爲生命負責（68法）。如果目前的環境令你覺得不快，那麼不能怪別人，真正該責備的人就是你自己。爲了讓自己快

樂，任何的改變都值得去嘗試。

返歸內心，自然而然就能讓你進入新層次，享受每天的新生活，這些恐怕是你以前從未經歷過的。藉著自己的努力，學習到享受每一刹那的快樂，內心的成長就更上層樓。

# 16 閱讀

一些有智慧的人告訴我們，只要我們的心靈開發到某種程度，生命經驗就能融會貫通，一切該知道的事統統了然於胸。

不過在這同時，對於我們這些仍在努力中的後進，適度的閱讀仍是必要的，書籍是無價的寶庫，能啟發我們、鼓勵我們、提供資訊，也能勸誡我們、肯定我們，指引我們繼續往前邁進。

書架上、書桌上，永遠不能讓書本缺席，即使汽車裡的物品櫃、搖椅的旁邊，任何地方，都應該放些好書，有規律地閱讀。

只要你生起煩惱、憂愁襲來、覺得形隻影單，或覺得受到委曲、沮喪、有怨恨情緒，請把與你心境有關的書籍，抽出來閱讀。

滋潤靈魂的精神食糧，永遠不嫌多。

17

# 不要在床上看書

從小到大，我一直喜歡躺在床上看書，直到昏昏欲睡而關燈，因此，我勸告大家不要在床上閱讀，這好像有點矛盾。然而，自從我開始探索心靈以後，我發現，睡前的閱讀會干擾心神。

我所以這樣認爲，是我體會出，昏昏欲睡的狀況下，不容易吸收所讀的東西，而且，下次再攤開書本，我必須浪費時間，從原來的地方讀起。或者，我讀到一半，睡著了，結果別人的東西進入夢中，這樣的夢對我的生活與睡眠，毫無助益。

朋友瑪麗特告訴我，最近她常做惡夢。以前我曾勸過她，睡前不要閱讀，可是她不改舊習，還是一直讀到睡著。

最近，特別疼她的阿姨，送瑪麗特一大箱書，裡面都是偵探故事，瑪麗特看得不亦樂乎。然而問題也出在這裡，雖然她看得入迷，但是因爲是睡前讀

的，恐怖、懸疑、緊張的情節融入夢中，造成有負面影響的惡夢。

有一陣子，我嘗試在睡前讀些勵志或鼓舞心靈的文章。可是累積了一些經驗之後，我發現，自然而然保持自己的意識而入睡，比受別人影響好太多了。儘管那些書是在激勵我們。如果說，你想探索睡眠時的深層心靈，這個守則特別重要（97法）。

我已經養成了新習慣，在睡前花一小段時間安靜反省或冥想。這對我讓內心單純化特別有貢獻。

請用一、兩個星期的時間試試看，睡前不要在床上看書。你的直覺、你的意識、你的心境，保證有極大改觀，而且，你睡得更沉穩、香甜。

# 18 睡飽好

睡眠是內心成長的重要維他命，特別是你剛投入簡化內心的領域時。睡眠狀態裡，意識有深淺不一的層次，這一情形人類才開始有些瞭解而已。許多開發內心潛能的課程中，還包含打盹、休息、睡覺，這都是每天不可或缺的養生之道。

如果你這些年來的生活節奏，是又急又快的，那麼你絕對需要更多的睡眠，恢復身體與精神耗損，心靈的充電，那更不用提了。如果你已經開始簡化生活，相信你的睡眠時間更充份，而且還能做其他想做的事。

能睡就儘量睡。早點上床。週末時大睡一下午也無妨。覺得疲倦，就隨時打個盹。享受你的睡眠，呼呼大睡有什麼不好？睡飽一點，你確實需要，而且你還能因此而成長。

# 第二章
# 看葡萄的心境

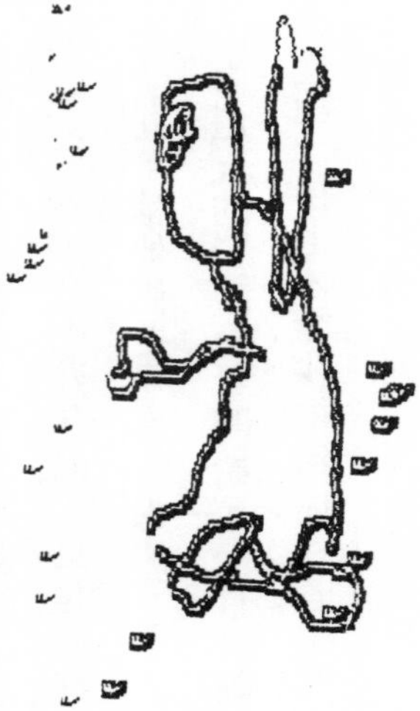

# 19 隱遁的週末

如果你正在經營單純的內心，能夠到外地暫時隱遁，將增強你的力量（95法）。可是如果你還不準備出門，安排機會在家靜養，也是很好的選擇。週末就是機會，如果你是單身，或者配偶與子女不會在家，更是絕佳良機，當然，如果他們在家，你也可以花點時間，讓他們接受你的想法。

把你平常週末的例行事情暫按一旁，由週五的安靜晚餐開始，一直計劃到週日夜晚。請拔掉電話，告訴你的親友，週一早上才能找得到你。若有人來訪，也不要應門。

關掉你的電視與收音機，不要看報紙，不要看雜誌，不過卻要準備一些有益心靈的精神糧食閱讀（16法）。脫掉手錶，以免你過份注意時間。請穿上寬鬆、舒適的衣服。任何足以耗弱你能量的食物、飲料，絕對要避免。

隨自己喜歡，安排自己的環境，讓你安靜反省。買點鮮花、蠟燭回來，把

需要的東西備妥，以免想用時沒有而要臨時出門。

把時間用在安靜反省上。你也可以冥想、做瑜珈、或是做柔軟操伸展身體。練習深呼吸（96法），寫日記（31法），開發肯定自己內心的方法（28法），以及圖式擬想（29法），一步步開始練習。欣賞日出、日落。做個簡單日光浴，提昇你的心靈。和大自然接觸，在清晨與黃昏時散步，遠離喧囂的人群與交通。安靜坐著，不要胡思亂想，和當下的時刻打成一片。如果你感受到有任何宇宙傳來的訊息，請求它的引導。

早睡早起，向太陽學習，甚至比日出更早起。如果你是夜貓子，少有機會享受新日子誕生的喜悅，更應開始掌握好時光。

用專心、愛心的態度準備你的餐點。安靜享用你的食物，不要邊吃邊閱讀，或邊做些分神的事情，好好品嘗所吃的每一口。

在這段期間，答應自己，不可煩惱，也不可出現負面思想。有必要的話，你可以排豆子（63法）。如果你覺得孤單或害怕，把你的感受寫在日記上。

現在正是接觸靈魂的好時機，請好好享受。

# 20

# 全家一起來

如果說你有家累，請多費心安排，利用週末全家人在家韜光養晦。這種方式，有非常大的力量促使家人聯結。

如果你還沒有建立任何與家人安靜共處的習慣，安排不受外人干擾的時間——即使是某個安靜、一起沉思的下午——就是很好的開始。

## 21 不勉強

一旦你向內返觀，體驗出你對所處的世界有新的洞察力，這時候，很自然地，你一定很想與家人分享。

如果說，你的家人已經準備就緒，想跟你一起探究內在領域，那麼你是幸運的。不過通常的情形是，你的配偶，還有子女，並沒有跟你一起配合的意思。面臨這樣的可能性，你必須有心理準備。時機一到，他們自然會同心協力，否則，事情強求不得。

假定你的家人還無法與你配合，請多利用時間，誠懇傾聽內在的聲音（92法），擬出方法，在不影響家人的前提下，繼續實行你的理想。你必須更體貼安排生活，持續探索內心，同時不能讓其他人覺得不舒服，或受到威脅。

該如何處理，完全靠你以前和家人建立的溝通系統。請不要急，慢慢處理，不必要求其他人照你的方式生活。你所要盡的最大努力，就是獲得他們的

理解與接納。

如果你們之間還不能有良好搭配，你可以學習請求指引（72法），不要在家人中造成衝突。你的成長還包括：學習如何處理親人對你的反應。也許，你的最大挑戰在於，接受本來就是如此的情境，然後繼續精進，追求你的理想。

## 22 殊途同歸

算起來，我是非常幸運的。外子吉伯斯一直支持我對內心的探索。然而，他也有自己的一套，他對靈魂的探索，跟我完全不同，不過我還是很快樂。我們依據個人的傾向追求理想，同時建立互愛的關係，尊重對方的選擇，並分享彼此的心得。

可是，不論我們在不同的路向上，搭配得多麼貼切，我還是有個願望，希望我們走在同一條路上。老實講，所謂的同一條路，就是指我的路向。

最近我和外子一起隱遁，回歸到我們心嚮往之的靈秀山區。他做他的事，而我做我的。過了好幾天的靜思生活，有一天我發現，怎麼我們倆竟坐在同一地方。當時我正在看有關禪坐的書籍；而他在閱讀拿破崙的傳記。

最後，我決定問他一個問題，自從我開始追求內在，這個問題一直埋在我心裡。

我轉頭問他：「我做的所有追求，你認爲我更進步嗎？或者，因爲你的追求方式跟我不一樣，所以你進步得更多？」

他沉思了好一陣子，才說：「也許我們倆都有進步，不過，我們以不同的方式表現罷了。」

這個充滿智慧的回答令我相當激賞，而且讓我有機會看出，過去我一直因爲追求內在生活而太過沾沾自喜。

經過深入的探討，我不得不思考，進步並不是拿來互比的——我們兩人各有各的追求方式。似乎是，我錯認爲，向內心探求才更爲高尚。其實，向內探求就只是向內探求而已，不能說它必定更正確。外向探索也有其必要，同時也有其價值。只能說，對於步入中年的人而言，內心世界似乎更爲重要，因爲年輕時我們花費太多時間在物質的追求上，對於靈魂甚少關注。可是，如果我們的生命取得平衡點，根本無所謂外在或內在。

這真是值得牢牢謹記的一課，我必須記住、記住、再記住。

我所以拿這件事與大家分享，就是，也許你也會碰上這類的問題。

# 23 支持團體

向內心探索需要花時間經營的，你即將做許多事情，這些事跟你以前的做法有相當大的差異，而且也跟大多數人的做法不同，然後毫無疑問，你獲得新領悟，在人生與目標上，也有新的啟發。有時候，這很令人激奮，但有時候，這也令人驚駭。

另有些時候，你覺得好像什麼事都沒發生過。若有這種情形，如果你能跟一些同好或過來人接觸，對你一定會有幫助的。

最近這幾年來，我一直參與三女兩男所組成的團體，他們決意追求內心的成長。我們每週聚會，自由討論每個人在形上層次的體驗，我們互相提攜的進展，不僅凝聚了團體向心力，同時對每個人都有積極的幫助。

請張大眼睛，跟有類似目標的同好多接觸。這樣的同好不必鎖定在你認識的親友上。能夠和不認識的人惺惺相惜，或許更能刺激你的進步。

如果你一直不曾參與互相打氣、激勵的小團體，我非常希望你接觸看看，讓內心成長的工程走入新境地。或許你已經發現到，你願意花時間去親近的人，他們也正爲內心探索而努力。

最後，如果你覺得停滯不前，我想說的是，假如你身旁有許多知心同好，那麼，你就能在勉勵的氣氛中，創造真正的精神轉換。

# 24 坦誠才相聚

初次結合同好的內心成長團體，我們發現，如果能建立某些大家一致同意的聚會指導原則，相信對大家都有好處。

我們曾協定，每週同一時間在同樣的地點相聚，而且大家答應，團體至少維持六個月。我們覺得，至少要多花點時間建立真心的聯繫與互信，而且讓聚會的成長更有效率。

結果是，整個聚會對大家幫助太大了，所以我們延續了好多年。一直到有對夫婦搬家才停止。

我們運用各種方式，慢慢形成指導原則，其中包括，共商出每個人大約花半個小時，在剛開始的幾個星期中，分享各人的內心成長與領悟。

然後，在輪到別人分享心路歷程之前，我們給些評語與意見。而每週的聚會，則由不同的人當主角。

偶爾，我們覺得需要改變聚談的形式，讓不同成員適應某個特殊氣氛。如果我們當中有人遇到關鍵瓶頸，需要更多的時間時，其他的人則騰出時間，把這星期的討論重心完全交給他。我們知道，以後我們自然能補足這段多耗用的時間。

我們也決定，聚會時不要吃茶點，以免外界的事物而分心。

我們全部同意，討論時完全發乎誠信。

我們選擇的聚談地點，不希望有孩子或配偶的干擾，而主人答應在討論時關掉電話。

如果你正在籌設這樣的聚會團體，大家有心追求心靈成長，那麼，開始之前一定要用整體的眼光，考慮每個人的不同需求，然後決定聚會形式。上路之後，別忘了以開放的態度，隨著團體的進展，調整聚談結構。

## 25 有趣的團聚

有時候，我們會徹底改變團體聚談的形式。有一次，一名成員帶來許多毯子，還有一堆食物，把大家推上吉普車，載我們到山區最頂端。當晚，皎潔的滿月高掛山谷，涼風習習，我們興致高昂，是一次很美妙的聚談。另有一次，我們開車到海邊，在黑夜裡踩浪，高聲歡笑。然後我們堆柴升火，在海邊一起冥想。每一次的探奇之旅，例如攀岩、繩索登山、爬樹、徒步健行，都讓我們有機會面對自己的恐懼與限制。

所有這些活動的意圖，是要提昇我們的心靈，讓大家團結一條心，並讓每個人的高層自我和大自然結合。我們共同創造出互相的聯繫力，這對大家未來的功課，有著難以衡量的助益。

與志同道合的團體結合，共同探討內心，好處不勝枚舉，至少，我們因此體悟，探索內心是很有趣的事，而且充滿挑戰。

# 26 看葡萄的心境

如果你走上簡化內心之途，那麼，想必你已把從前佔據過多時間的雜務，一一斷除，例如浪費時間看電視、電影、錄影帶，在擁擠嘈雜的酒吧、餐廳消磨。

也許你已經發現，對於這樣的娛樂，你的心靈世界不僅無法滿足，而且還讓你心煩氣躁，甚至減弱你的能量。

然而這並不是說，這些娛樂難以去接受，或你必須完全把它們趕出生活。反而，如果你能深入思考，就能知道以前有哪些活動在浪費生命，而現在對你的平靜心靈，不再有任何助益。

另外，如果你再多想一想，多少能知道某些活動——通常不是很明顯——能夠撫慰靈魂。就像有一次，我清洗一串葡萄，準備當午餐。一顆顆鮮紅、飽滿的大葡萄，美極了，那種感覺如同我從未見過葡萄一樣。我把它們托在手

上，左看右瞧，凝神欣賞它們的造形、光影，還有迷人的色彩。

我站立好一陣子，完全被美麗的葡萄吸引。在這段期間，我感覺到心靈正不斷延伸，甚至我感受到葡萄的美味，而我甚至還沒吃哩！我確定，欣賞葡萄之時，我強烈被吸引，深深體認它們真的可以供養我的身體，這樣的感覺，大大超過這幾年來我看電影的專注。

當然，對你來說，晚上去欣賞葡萄可能不是你想要的活動。不過你還是能欣賞日出、日落、月亮的圓缺、凝視星辰，或只是待在家裡，和小孩一起塗鴉。

# 27

# 沉思的小天地

對一個追求內心的人來說，擁有一個專屬的空間是最重要不過了。那可能是你的房間，或房間裡的一角，在這個地方，你的心靈可自由徜徉，不受打擾。

你可以在此處冥想、沉思、什麼事也不做，思考、閱讀、治療自己、享受沉靜或撰寫日記。你同時也可以在這裡建設自信，或圖式擬想。當然，你可以把加注星號的期勉桌曆（61法）放在這裡，或在這裡反省一天的所做所爲（41法），這裡是多功能的地區，可以做你特別想做的事。

我在房間角落臨窗之處，擺一座舒適的大搖椅，可以滿心歡喜坐下來閱讀，或是默坐冥想。我總是把心愛的書籍擺在搖椅旁。

搖椅的另一旁還有放音機，我可以聆聽開發潛意識，以及提昇心靈的音樂——然而大多數時間，我還是寧願保持安靜。我知道，任何時間我都能到這裡

來，恢復能量、思考問題，或只是默默坐著。每當我坐在這裡時，吉伯斯不會故意來吵我。

如果你還沒有建立自己獨處的小天地，別浪費時間了，趕快安排一個，它對你心靈的成長，有非常大的影響力。

# 28 肯定的宣示

「肯定」是一種對自己、對宇宙的宣示，宣示你將過哪一種生活，這個宣示可在心裡默唸或用語言表達出來。語言與思想是很有力量的。你目前的生活，正是你所有思想（包括正面與負面）的宣示結果。

正面的肯定是很有效的工具，可以清掃心靈與生活裡的負面東西，而且推動我們，創造出我們想要的生活。

多年來，不論是個人生活或職業生活，我一直運用「肯定」的技巧。曾運用過這種方式的人一定知道，它能幫助我們達成想要的目標。

請在未來的數日裡，在心中默想，或寫下來，陳述你最想要的東西——詳和、平靜、簡單、智慧、啟悟、博學、精神成長……等等。

讓你的肯定都是正面的，並向自己或宇宙宣示你所擁有的生活或事情，例如：「我過著簡單、平靜的生活。」

如果你肯定的宣示，即使目前還未成真，沒關係，請反覆宣示，並結合你的**想像**、**信念**，提昇潛意識心靈，讓它帶領你實現你的「肯定」。

請在日記上記錄你運用過的「肯定」，並養成積極思考的習慣，運用「肯定」來促成內心的成長。

# 29 圖式擬想

「肯定」與圖式擬想是攜手互補的。你除了可以默唸，或大聲講出的方式，宣示你對內心成長的追求，之外，你也可以運用有力的心靈想像，設想未來的生活計劃，並集中注意力在未來的可能結果，這都能幫助你更快進入狀況。

有許多研究顯示，圖示擬想可用在治療、個人成長、以及增強力量上。就像「肯定」，圖式擬想對我們的心靈之旅，有極大的潛能。

請靜靜坐在你充電的小天地裡，擬想未來的期望，特別是有關內心品質的部份，包括：愛、同情、快樂、感恩、體諒、耐心、容忍、接納，或種種你想追求的東西。

你也可以先抓一個重點，例如，同情，然後每天圖式擬想你有非常大的同情心，並養成習慣。運用你心靈的眼睛，**觀看**你擁有的這些特質。然後**想像**你

慈悲的樣子、人饑己饑的感受，充份發揮你的同情心。

每天隨時返觀自己，看這樣的同情心是否與你同在。必須不斷默察，直到你完全吸收這樣的感受，讓同情內化，變成你的一部份。之後再進行第二個，如，愛、容忍……。

如果我們常被負面的訊息轟炸，想要追求內在的平靜，無異緣木求魚。請開發圖式擬想的能力，以積極的心靈想像，覆蓋負面的訊息，然後你才能從容上路。

## 30 善用右腦

最近這幾年，對於心靈的各種層次，有相當多的研究，特別是人的右腦，這裡是我們創造力的發揮，生命的直覺，同時也能提昇思考的處理能力，並改善我們運動或其他活動的表現……。在這區域裡，藝術家、作者、思想家，獲得他們的新觀念。而且，我們運用右腦解決難題，並創造新的感受力與理解力。

多年前我曾參加心靈操控的講習，並學習到利用右腦在心靈裡創造「工作坊」。我們先讓右腦放鬆，運用想像，創造心靈空間，在這種狀態處理任何形式的難題。

然後我們學習如何消除頭痛、找到遺失的物品，甚至還能想辦法除掉蟻害。道理就在於，我們隨時都能掌握到訊息，做我們覺得應該做的事，而我們只要身體力行，就能實現。

或許你也懂得把這種技巧施用於生活上。如果真是這樣，那麼，你還應該運用於內心的追求上。

就我的經驗而言，我很自然就運用於內心的追求上，我的內心一下子就出現「聖殿」。現在，那是我探求內心世界的本源，我以「聖殿」傾聽、治療、肯定、圖式擬想，並嚴密思考。

如果，你還不熟悉開發右腦的技巧，也許可以購買這方面的書籍參考參考。

其實要進入這樣的心靈層次不難。有一個方法是，坐下來，閉上眼睛，放鬆，做幾次深呼吸。然後做沉靜、深長的呼吸幾分鐘。慢慢從10倒數至1。不久你將感覺意識層次有稍微的變化，你也知道已經進入右腦運作的模式裡。這時你的「直覺」與「想像」將保持活躍。

練習過幾次後，你將體會那是什麼樣的「空間」，以及你將如何進入，然後就能輕鬆自如進出。對你的心靈運作而言，這裡是非常有力量，而且是很安全的好地方。

31

# 日記的妙用

我一直有寫日記的習慣，用來記錄夢境與個人問題，日記同時幫我釐清複雜與棘手的情境。

自從我簡化生活，並開始內心的追求，對於日記的功能，我有更擴展性的想法，它實際上也算得上是精神手册。我發現日記是無價的工具，能捕捉我的思想與感受，並記錄我追尋內心的進展。

除此之外，我還開闢空間，記錄我的「肯定」與圖式擬想，因爲這兩樣技巧已逐漸成爲我生活的一部份。而爲了有效開發我的直覺，對於較爲神秘的閱讀心得，我也闢有篇幅記錄，這對我心靈力量的複習，很有幫助，也讓我回顧之前的心路歷程。

我在日記上也有一特別欄區，偶爾探討自己的寬恕與負面思想。另外，也是最重要的，我另闢位置，專門記錄某些不尋常的體驗與感受，材料可能來自

冥想或什麼事都不做的安靜時刻。

雖然我們大量簡化生活，減少許多外界的刺激，專心追求內在的自己，但是說來奇怪，我們還是會忘掉某個重要的體悟，或許因此而漏失幫助我們成長的機會。因此，日記不僅幫我釐清難題，同時也幫我保存記憶。

我很謹慎，不希望因此而成爲日記的奴隸，爲日記做苦工，所以，我並不執意非要天天寫不可。我覺得，需要它的時候，日記才是我最好的盟友。

# 32 求助

我是在堪薩斯平原長大的，從小就被灌輸堅忍、個人主義的拓荒精神。在我發現身處慌亂的大失敗境域時，那就是我的第一次婚變（81法），而我咬緊牙關，絕不向任何人求助。那時候日子過得混亂不堪，最後難關還是過了。其實，當時我若懂得向人求助，可能會更快復元，而且創傷也將少很多。然而，當初我卻不會這樣想。

朋友朱蒂的成長歷程和我完全相反，在關愛與呵護中長大。向別人求助的事，她一點也不猶豫。而對我來說最不可思議的是，她總是適時得到援助。跟她相處的這幾年，我學到許多甚為珍貴的功課。首先，我學習到，需要別人的幫助，這是很正常的，而且也沒什麼好羞恥的；其次，我也學習到，大多數人樂於幫助別人，只要我們勇於啟齒。

另外，求助的人選很重要，譬如，如果你有心臟病，想必不會去求助修車

技工吧？

同時，我也學習到，必須區別一般的支持與專業的援助，如果只是心情鬱悶，平常的朋友或支持團體就能勝任，但是若有重大危機或災變，則必須就教專業人士（47法）。

如果你跟以前的我一樣，覺得請求別人幫助很羞恥，那麼你最好重新思考一下，畢竟我們都是人，偶爾需要別人的協助。發展求助的能力，不僅讓生活更爲開朗，也能加速你學習人生的功課。

# 33 向宇宙求助

只要你懂得向人求助，那麼，你也將懂得向天或宇宙求助，而且將有不可思議的事發生。

有一陣子，我發現處於迷惑與低潮情境。我接受了一、兩次諮商，我也跟家人和朋友討論過。然而還是死胡同，我好像轉不出來。

有天早晨我開車赴約時，這個巨大難題狠狠撞擊我，混亂極了。我把車停在路邊，關掉引擎，揮舞雙手，向不知在哪裡的「某人」大呼：「夠了！我投降！我需要一些澄清，需要一些慰藉，誰來幫助我呀！」

我重重敲擊方向盤好幾下洩恨，然後默然呆坐好一陣子，感覺不好的情緒已經完全排出去了。最後我發動車子，趕赴約會。

不久之後，我覺得對這個困擾，心情特別舒坦。到了晚上，我開始有種以前所無法知道的理解，這樣的理解，我甚至能用語言表達，我說：「我知道已

經通過最壞的階段，沒多久，我就能拋掉這個包袱。」

很明顯，這樣說並沒有新意，因爲我們都曾有相似經歷。然而，有些人可能說這是種禱告，說上帝正在傾聽。也有些人稱此爲更高的力量，另有些人會說，這是更高層次的自我，在對我們的失望之情做反應，不過我比較喜歡說，這是宇宙的力量。

你想稱呼它是什麼都可以，它只是一種提供我們運用的能量，我們向它請求就有。而且，我們不必等到面臨絕望時才抱佛腳，在每天的生活裡，我們經常用得到，它能引導我們、啟發我們、接觸更內在的自我。

我學習到，越肯向它請求幫助，它就隨時在我們身邊。我感覺到，我越運用它們，我對它的理解就更爲拓展，而且更加提昇內心的成長。

34

# 向怨恨學習

有些時候，你發現某個人似乎欺人太甚，然而卻有許多因素，你無法遠遠避開他。

或者，也許你可以避開他，但他仍不時出現，耗費你的能量。然後你發現，你浪費不少時間，對他的干擾發牢騷。

或者，此後你再也見不到他了，可是你依然憤恨不平，懊悔認識這樣的人。

若有這種情形，通常，這個人以前跟你都有非常密切的關係。而寬慰自己的辦法，就是告訴自己，這個人在你生命中出現，是有理由的。

也就是說，你必須從他身上，以及你們的關係裡，學習一些東西。

剛開始的時候，你最好先坐下來，慢慢回想，這個人爲什麼讓你神經緊繃。然後用寫的方式，列出他干擾你的品性、行爲類型。接著再客觀地檢查自

己的性格。也許，你發現與他有某些相似的品性，而且，某部份你很想革除。

或者，也許你已經改善自認不妥當的品性，然而你卻對以前有這種氣質而耿耿於懷。不過話說回來，只要你能清楚那些品性對你而言是不好的，你就會更容易放開執著。

很可能，這個人以前傷害過你，不過卻是無心的。如果你仍無法釋懷，仍無法寬恕（70法），請再度坐下來，寫出有哪些人，你曾無心或有意傷害過他們。

很有可能，你也曾經傷害過那個人。想想看，也許因爲他，你曾有一段灰暗的日子，而他，也因爲你，正處於灰暗中而無法自拔。

也許，這個人要讓你學習的地方，就是你終於千辛萬苦走出陰影，這樣的心路歷程讓你更有同情心，對你或對他。你體認到，你們彼此是息息相關的。

在生命的直覺層次裡，我們非常明白爲什麼演變到某種地步。我們的目標是瞭解種種的因素，想出改善的方式，然後堅持下去。

# 35 記住這件事

放慢生活步調的好處之一，就是我們終於可以接觸真正的自己，並感受到自己專心在做某件事。這種和自己合而爲一的感覺真是美妙。不過通常我們被工作計劃、家庭瑣事、社交義務，逼得團團轉，忘記了自己的這一部份。

因此，我們有必要從生活事件中，培養習慣，懂得隨時返觀，並利用片刻安靜，接觸自己的靈魂。

早上起床的時候，記住這件事；刷牙時，記住這件事；泡茶的水滾開時，記住這件事；電話鈴響時，記住這件事；紅燈停住的時候，記住這件事；坐下來吃飯的時候，記住這件事。

生氣的時候，記住這件事；頭痛的時候，記住這件事；孩子淘氣時，記住這件事；上床睡覺時，記住這件事；入睡的時候，記住這件事。

我們要隨時返觀。利用片刻寧靜，接觸自己的靈魂。

# 36 找老師

有很多人說，只要你開始探索精神領域，好的老師自然就會現身，出來幫助你。這也許是真的，不過我卻沒遇上這回事。

雖然沒有好老師自動來找我，不過我發現，自己去找尋亦不失爲好方法，這是一項偉大的冒險。

如果你很想找到某些指引，其中最簡單的方法，莫過於書籍。

我發現有本非常有用的書，羅列了許多偉大的啟示，那就是史蒂芬·沙德爾(Steven S. Sadleir)的《精神追尋者導引》(The Spiritual Seeker's Guide)。書中提到精神追求的路向、形上學的開創、智者、大師、還有世界性的啟蒙運動。書上不只描述啟示與精神導師，同時還告訴你如何去搜集這方面的資訊，而且整個歷史探討，追溯到西元前八千年。

書中所涵蓋的論點，或許正是你想探討的。其實，整個精神教導的終極目

標，都指向同一件事：瞭解宇宙的神秘，以及，瞭解每一個人所扮演的角色。

當然，有些訓示比其他的好，另有些訓示已不符現況。然而，我們卻能因此看出，沒有一個路向是最好的、唯一的，也沒有一個路向適合所有的人。

不用說，這類書籍仍有其限制，它無法包括所有的事情。不過，它能帶動你啟步，然後過渡到另一層面。同理，你遇到某個志趣相投的人，從他那裡，你又會見到另一同好，輾轉認識下，你終於碰上真的想會見的導師。

或者，你也可以只是傾聽（92法），這對於耐性比較不足的人來說，是較爲困難的，可是終究我們都必須走上這條路。我們也可透過自己的直覺來引導。如果我們肯安安靜靜坐著，就能聽到內心的聲音，然後引領我們到正確的方向。

一旦你開始追尋內心，你的導師們也將適時出現，陪伴你上路，或至少你瞭解他們會陪著你。然而我也學習到，太過依賴導師，可能妨礙你的進步。好的導師可以提供很多無價的啟示，但他們不會爲你過生活。說明白點，就是每個人只爲自己的成長負責。

# 37 假大師

算起來我是很幸運的，在我開始內心探索之旅後，沒多久，我有幸遇上幾位和藹的明師，他們不僅幫助我，還幫我指出各種不同的精神追求路向。他們身上並沒有一切的答案，不過，他們卻適時幫我解惑，並拓展我的視野，激勵我邁向目標。就長期觀點而言，這似乎是好老師的必要條件。

在找尋良師的過程中，我同時也在探索自己。如果我打聽到有人傳授拓展心靈的技巧，或有「大師」出現，若是好像很有趣，我會去試試看。他們有些人是正統的，有些則不是。不過，全部都有建設性，而且，多多少少，他們也都是我們內心探索之旅的一部份。

在我還是青年期的時候，我聽說有一位年輕的「大師」，他能傳授「知識」給任何急需的人。當時他剛從印度過來，暫居在休士頓。

聽到這消息，我一時興起，預借一星期的休假，和六個求道者，一起擠上

廂型車，往南部去追尋。整個圓拱型透明屋頂的會場，充滿想尋求答案的不同人士。然而，非常多的人根本不知道他們想問什麼。

我們一天一天等著，依然沒有獲得「知識」，不過卻有一名穿白袍的人，走進我們等待的小小黑房間，並傳授古老的冥想技巧，這個技巧可幫助我們接通宇宙意識。我不知道那是什麼，不過我想那可能是曾經失傳的技巧，所以我學了一點。

幾個月之後有消息傳來，據說有位最誠懇的追隨者懷孕了，而男主角就是這位矮胖的「大師」。最後，這個江湖騙子被趕回印度。

那一陣子，我幾乎沒臉見人。花了好多年之後我才承認，當時我太過天真，竟然對騙子五體投地。除此之外，我也較能用健全的態度思考這件事，其實，那也沒什麼不好，至少，我去過從未拜訪過的休士頓，而且，我也學到有趣、也有效的冥想技巧，這個技巧我斷斷續續練習了好多年。

當然，我並沒有接通宇宙意識，不過看來這也不是很差的技巧。從這一經驗中，我至少學習到重要的一點，那就是，啟悟不會在一夜之間從天上掉下來

——當然更不可能在休士頓的會場裡撿到。

整個重點應該是，如果你在追尋啟蒙的中途跌倒了，不要害怕，請站起來，拍掉身上的灰塵，再次邁步前進。而且，我們要不斷保持傾聽。如果我真懂得傾聽自己，當初我決不會在衝動下跳上廂型貨車的。

# 38 一笑置之

開始追求內心，並試圖在生活上做某些改變，不再浪費生命，這時，或多或少，你會受到親友的嘲笑，而他們根本不懂內在探索的意義。大致上，他們並不是有意澆冷水。所以，請保持微笑，不必掛在心上。

不要讓這種事造成心理的負擔。你很清楚地知道，你的努力正逐漸改變內心與靈魂。雖然你仍無法洞悉宇宙奧秘，然而，也不能讓一無所知的人令你分心。你唯一能夠告訴他們的答案，就是你的成長。

如果說，你發現到某些人對你冷嘲熱諷，那麼，有些方式你可以嘗試做做看。

首先，如果可能，避開他們。我的一位好朋友，她常跟一對夫婦相處。夫婦中的先生，總是喜歡損人，特別是那些「有違常規」的追求，他總是藉機取笑。雖然說，我的朋友知道這位先生的玩笑，並沒有惡意，不過長期下來也難

免吃不消，感染了「心胸封閉」的氣質。然後，她逐漸疏遠他們。

如果上述的方式不可行，那麼，你應該保持幽默感。以四兩撥千斤的輕鬆話語，回應苛責。當然，你也可一笑置之，或傾聽他們，思考你能從他們的態度上學習到什麼。

總之，你應該相信自己。用一顆寬容的心，理解他們的想法，畢竟，你也曾經懷疑過，然後才慢慢走上自己的路。

# 39 規律的心靈活動

我發現，規律的生活對心靈活動，有很大的幫助。

簡化了生活之後，很輕鬆就能在天剛破曉時就起床，甚至更爲早起。在晨曦的寧靜中，我能專心做瑜珈、伸展身體、寫日記、做深呼吸、「肯定」自己，或圖式擬想、沉思，或只是靜靜坐著。

接下來我通常和吉伯斯、小狗狗，一起外出快走，然後才回家吃早餐，開始正常工作。

午休的時候，我發現用冥想的方式休息很有益，可以提神醒腦，或者再伸展身體，做深呼吸。

同時我也利用機會接觸大自然，譬如說，坐在公園的涼椅上吃便當，或吃完午餐後溜達溜達。

我喜歡在上床前冥想一下，我發現，我因此睡得更香甜。除此之外，做完

一天的工作，在晚飯前稍爲冥想一下，也很有益，我的頭腦與心靈更爲清爽，然後有一個非常放鬆的夜晚。臨睡之前，我會花個幾分鐘，回顧今天所做的事情（41法）。

我儘量讓我的安排保持彈性，偶爾因爲我的需要而調整。不過，規律更能讓我接觸內心，我不是被自訂的規律綁死，而是隨規律而流動。習慣了之後，我現在當一天的工作結束後，不必強迫，我的身、心很自然就進入冥想狀態。

如果你在追求內心時，想不斷精進，請安排最適合自己的修心規律，你會自自然然進入狀況的。

# 40

## 打破規律

雖然說，建立規律對我們的心靈活動很有幫助，但是若死守規律，反而限制了我們的成長。我發現，偶爾打破規矩，將帶來更多好處。

偶爾，我會暫停幾天冥想，甚至可能達一星期之久。我同時也會暫停其他的心靈活動。

打破規律，會帶來一些迷惑與不安全感。不過，這樣才能逼使我們思考，我們到底是在做什麼，然後帶來某些好處。這也能讓我們有機會檢視，所有的這些活動，是不是對我們內心的成長有幫助，或者，那只是我們覺得不得不去做的事。

規律與習慣很重要，但是，如果我們忘了當初爲什麼要這樣做，或是我們意興闌珊，覺得這些事已失去意義，那麼，它將變成不再對我們生活發揮積極影響力的枯燥儀式。

偶爾打破規律，會讓我們眼界一開，嘗試新事物。對你今天有益的東西，下個月或明年，對你不見得好。

跟所有的成長一樣，內心的成長也需要過程，學會爬之後，才能學習走路，然後才可以學跑步。偶爾打破規律，可確保我們不會永遠待在爬行階段。同時，這也有助於提醒我們，我們訂下的規律，只是拓展心靈的一種手段。不要錯把工具當作成長。

# 41 回顧

追求內心成長，另一種很有幫助的方法就是，每天臨睡前，花個幾分鐘回顧今天的生活。

你可以到你的安靜小天地（27法），靜靜坐著，讓一天慌慌忙忙的心思，安頓下來。做幾個緩慢、悠長的深呼吸，慢慢放鬆身體。暫時把所有的煩惱、雜念拋開。如果進入狀況，你就會覺得，負面的能量逐漸消散。

接著，快速回顧一下整天的活動，然後找出你特別注意的事情。盡可能用各種方式瞭解這件事，你可以用思考的，或運用右腦（30法）。接下來把這件事釋放到宇宙去。

有時候我發現，暫時把進退兩難的困擾放下，心思反而開朗，後來更能用有啟發性的新觀點看這件事。

或者，你也可以靜靜坐著，祝福你過的一天，並把你的感激，簡短寫入日

記裡，你也可以沉思，或在深呼吸之後，準備探索夢境，如果你設計出新方法，想進一步探究內心，或是想革除任何不良習慣，別忘了在月曆上做星星記號，檢查成果。

基本上，在一天的尾聲裡，這幾分鐘的反省、回顧，可讓你緩慢下來，打開心結，享受沉默，並接觸宇宙的訊息。這不僅幫助你，保持探索內心的方向，同時也消除感情、心靈的雜物，讓你睡得更香更甜。

每天回顧生活，你將看出，你是不是活在你創造出的機會中。如果沒有，請想像自己正往最佳路向邁進。久而久之，你將勇猛精進。

# 42 多微笑

如果你已經放慢腳步，簡化生活；如果你已經親近大自然，置身於美的世界；如果你已經能掌握良機，開發無窮的創造力；如果你已經懂得享受每一剎那；那麼，很可能你笑顏常展。

其實，你一定要隨時掛著微笑，不必有任何理由。而且，一旦你開始練習我們下一部份的心靈活動，你更會發現，喜悅隨時泉湧而出。

當你從憤怒（66法）、煩惱（64法）、負面思想（63法）解放出來時，你的生活將更爲單純。

一旦你學會讓自己冷靜、克服恐懼（50法），懂得說「不」（54法），你的負擔將輕之又輕。而你的心與靈魂將得到解放。一切事物將變得合情合理。你好像不必做什麼，它就自然發生了。你不必質疑、不必抱歉、不必憂慮，也不會沾沾自喜，一切都那麼自然。請好好享受它，並保持你的微笑。

# 第三章

# 物慾的割捨

# 43 媒體管制

當我和吉伯斯決定簡化生活時，我們第一步就是取消訂閱的報紙、雜誌。我們也不看電視新聞。

這樣做有兩重目的：我們希望騰出更多的時間閱讀、思考；而且，我們也想減少生理上、心理上、情緒上的雜務、雜念，讓生活清靜些。

事後我們檢討這項媒體管制計劃，我們發現一項最大的好處，就是心靈不再隨著新聞事件而劇烈浮動。擔心戰爭、饑荒、地震、犯罪、政治腐化、貨幣貶值、文明墮落的壓力減低了。

如果說，你已經開始返歸內心，也許你希望減少把心思放在新聞事件上。壞消息確實會打擊內心的寧靜，特別是你剛開始心靈之旅。除非我們修養到不爲外界所動的境界，否則我們很難察覺外界紛擾對我們的影響力。

經過多年的努力，我們已經能夠駕馭這「新聞怪獸」，方法很簡單，只要

拔掉插頭，就能創造更積極的資訊空間。

總是有一大堆人和團體，不斷製造壞消息，然而，也是有一大堆人耽溺其中，而且毫無自覺。如果你側重心靈之旅，那麼，真正的成長一定比外界的消息更重要。

至少，你應該有能力選擇要接受哪些資訊。平時若能減少壞消息的干擾，對你內在的追求一定是有利的。

44

# 新聞在我心裡

多年來，我的朋友蘇絲已經很少看新聞了。經常有人問她，對最近的時事有什麼想法。

蘇絲總是說，她儘量不去想新聞事件。做到能向大家坦承，她對新聞不感興趣，這可是花了好多年的努力。她同時也學會，當大家侃侃討論熱門新聞，而她竟一無所知，這樣也不會覺得慚愧。

如果你興趣盎然，想知道發生了哪些大事，那你最好隨時注意最新消息。可是，如果你只是怕跟不上別人的獨家小道，那麼，你最好回過頭來反省自己。你真的想把你的時間、精力，投注在不斷翻來覆去的壞消息上嗎？並因此向人炫耀，而你其實並不真的關心新聞本身？

如果你擔心漏失世界大事，那也不必每天電視、報紙、廣播，花費無數時間重複接收訊息。外子吉伯斯是旅遊作家，經常遊到遙遠的世界角落，並會有

一陣子和外面世界沒有聯繫。我們發現，花個數分鐘瀏覽新雜誌，就能獲得足夠資訊，彌補我們這一段「新聞真空」的時光。

花一大堆時間閱報，倒不如快速看標題。如果有哪件事吸引你，再進一步閱讀不遲。所謂的新聞報導，經常是在醞釀中的事件，因此常常誤報或捕風捉影，因此，以爲閱報可以讓我們學習或知悉消息，其實大部份都吸收不到什麼。

事關你如何運用時間。如果你開始探索內心，那麼，內心的聲音想必比新聞更有魅力吧！

45

# 小時候的信仰

很多人小時候就放棄了宗教信仰，然後不再回頭。其中有些人雖然離開，但卻常覺得有罪惡感。

另有些人出現怨恨心結，埋怨以前爲什麼相信某些心胸狹窄的有限教理。也有許多人採取敵對態度——有時候是不知不覺的——對抗小時候的教條與信仰系統。

也有很多人孩提時代沒有任何宗教信仰，如今也不相信什麼。另有不少人被「假科學」所惑——以爲無法證明的東西，絕對不存在。

假如你開始回顧你的生活，或許這正是好機會，探討童年時期你所接受的信仰或教訓，藉此，你可以反問自己，你真正想探索的是什麼東西。

世界上所有偉大的哲學家與思想家，從柏拉圖以降迄今，都在找尋生命的意義。

當你開始放慢腳步，享受寧靜與孤獨；當你學會傾聽，開始相信直覺；當你開始改變生活形態，與內在的真實自己接觸。那麼，你已經在體驗看生活、看世界的新方法。

生命有什麼意義？這個幾世紀的老問題，我們絕不可能在一夕之間明白，必須花時間探求。如果你認爲知道答案，或相信不會有答案，那麼，這永遠不是真正的解答。

假如你願意繼續探求，並用屬於你自己的發問、追求方式探討問題，那麼遲早你將有所體悟。最後你將知道，所有的體悟，不是來自信仰，不是來自教條，而是來自你有所體驗後的深層瞭解。

# 46

## 檢查目前的信仰

當你重新思考小時候的信仰時，別忘了同時檢查目前的信仰。目前的信仰也許不同於童年時代，它可能是你以前的危機而讓你全心投入，或者你只是去年才開始相信，或者也許是上星期。

以新的開放觀點詮釋世界，對你的心靈追求很有幫助。通常，我們總是卡在現有的思考上，因爲，那就像是某雙舊鞋子，穿起來很舒服。

偶爾，我們也該從舒服的空間裡走出來，保持心靈的開放。

# 47 接受治療

我們生存的這個時代，家庭功能逐漸失常。這幾年來，如果你曾接受諮商輔導，大多數人已認爲見怪不怪了。反而，如果不曾接受治療，別人竟會懷疑你是否有否認的抗拒心態。

假如你有問題，而這些問題不是朋友、家人、支持團體所能奧援，那麼，你應該向專業人員求助。

不過之前你還是要有心理準備，也就是說，你所尋求協助的某個人，不可能一下子就給你所有的答案。多年前我初次接受輔導時，犯了一個錯誤，誤以爲所接觸的第一個專業人員，一定能幫我解決問題，後來還算幸運，換了三個專業人士後，才找到真正的協助。

所以說，如果你遇到不適當的人選，千萬別猶豫，要繼續找合適的人求助。也就是說，如果缺乏信賴感，你當然解決不了問題。

投緣並不是唯一的考慮要件，你還要知道對方是否受過良好訓練，如果你一直找不到好的治療師，問問有經驗的朋友，或請熟知的人或團體推薦。而且，找到治療師之後，多談幾次後才做決定，要不要繼續讓他治療下去。總之，信賴自己的直覺，讓直覺爲你做最佳的引導。

如果你找到合適的治療師，經過幾次商談後，應該直接切入你的核心問題，不要拖拖拉拉浪費時間。

如果你一直沒有「啊哈！」的啟悟，最好再去找別人。因爲，你必須對自己的問題有深入的瞭解，之後才能真正去處理。

雖然說，面對自己的傷痛，有時候會覺得害怕，但受過良好訓練的治療人員，能有效處理我們的防衛與創傷，並消除我們的不當思考、行爲類型。

在今天這個時代，接受治療只是許多追求完整心靈的方式之一，讓我們加速瞭解自己，如果你覺得需要被治療，千萬別延誤時機，趕快讓學有專精的人幫助你。

# 48 不同的治療

過去二十五年來，心理學與心理治療有長足的進步。我們從這些學問的研究中，獲得有價值的新領悟，瞭解我們的癮癖、我們的家庭、童年，在整個生命中扮演什麼角色，以及與我們的成功、快樂，有什麼關係。

我們除了依靠治療師解決問題外，還有許多復元與治療的課程，針對個人的生理、心理、情緒難題，進行診治。

這些課題提供極大的幫助，讓生活失措的苦難者，獲得全新理解與心靈慰藉。

可是如果你發現到，心理治療無法處理你的困擾，讓你發現新的理解層次，那麼，請找尋適合你的其他方式。讓其他的方式調整你的生活，如果合適的話，何妨全心投入一陣子。

然後再度出發。

有時候，紓解感情與心靈創傷的其他方式，比心理治療更爲有效，而且復元的力量更爲持久。

請不要以爲只有心理治療才能奏效。因爲，只認定唯一的方法，只會讓不適合的治療變得更爲艱辛，畢竟，我們的復元，一定要我們自己負完全的責任。

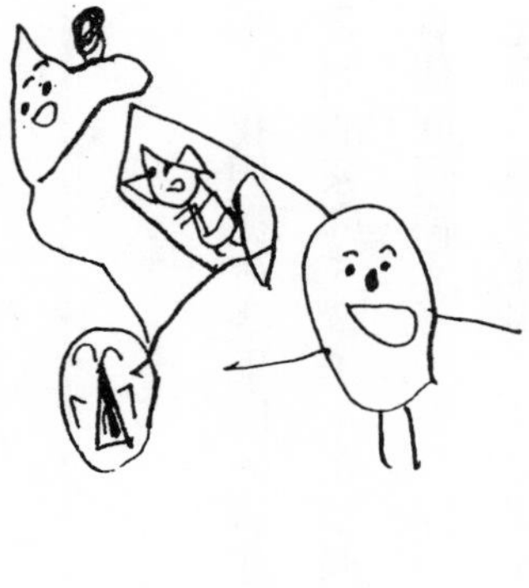

# 49 跳出框框

有時候你發現自己血氣沸騰，而胃也上下翻滾，有這種情形時，你應該養成習慣，跳出自己的框框，冷靜觀察自己。

每當你的情緒過於激動，請在一天近尾聲時，花個五至十分鐘，練習如何跳出來觀察自己。也許，你和同事有了爭執，或與配偶吵嘴。每當發生這種情形後，請靜靜坐下來，發揮右腦的功能。

想像你又回到當時的情景。用心靈的眼睛觀看爭吵的發展，並重演整個爭吵歷程，這時不能動情緒，只是靜靜**旁觀**。

如果能持續做這種練習，你除了能紓解自己的緊張心情，同時還能在未來面臨相似情境時，不隨意動氣。

能夠跳出自己的框框，會解除你的緊張，讓負面能量消散，並幫助你看出整個事件的意義。同時，這也是讓你看清你必須學習的功課與教訓的機會。

# 50 挑戰恐懼

生命中的最大限制，就是「恐懼」。如果你體認到，恐懼是做事情的絆腳石，是有些辦法可以克服的。

請安排一、兩個小時的空閒時間，當然，現在能立刻進行最好。請列出所有你想做而未做的事情，而那全是因爲恐懼心態在作祟。一定要誠實面對，徹底思考，因爲只有你最清楚自己的狀況，別人是無法代勞的。

如果你離開成長的故鄉，出外闖天下，生活會變成什麼情形呢？不再處於安全、舒適、到處有保證的環境裡，會怎麼樣呢？如果你放棄高薪的上班族工作，轉而投資自己的事業，又是哪種局面呢？

如果，你辭去再也無法忍受的工作，回學校充電，唸自己一直想學的東西，結果會如何呢？假如你脫離合不來的感情關係，並創造出適合自己的感情寄託，生活又將有哪些影響？

也許你逐漸瞭解，你「想」做的事，其實是你「應該」做的，只是「恐懼」的想法在阻擋你。人生的目的就是做你應該做的事，並體驗它們。如果該做而不做，我們無法造就自己、實現自己。

如果你不能重新振作，克服恐懼心態，也許，參加某些成長團體會有所幫助——他們提供一些克服恐懼的刺激行動，如過火、爬上公共電話亭，然後跳下來——這些儀式是戰勝生活恐懼的隱喻。

做自己恐懼做的事，將加速解放自己，也加速往心靈之路邁進。

# 51 分享你的恐懼

我在第50法提到，把自己所恐懼做的事列出來。當然，如果能更進一步，把列出來的東西與別人分享，就會解脫得更徹底。

多年前，我的生活被兩個主要的恐懼心態所統治：恐懼在大眾場合講話；恐懼蜘蛛。這些恐懼讓我很多事情都不敢去做，而且，我連想都不願去想，甚至根本不承認。

可是後來有件事我不得不面對。出版了處女作之後，出版社告訴我，他們已經安排密集的媒體造勢，我必須巡迴演講，在電視上、廣播上，向好幾百萬人推薦我的書。喔，真可怕……。

這時我體會到，我只有二選一的抉擇：承認我恐懼在公開場合演講（想都沒想過）；或是，面對我的恐懼，並巡迴演講（真無法想像）。結果，我兩者都做了。

所幸，當時我正參加一個強有力的支持團體（23法）。而我別無選擇，只能向團體坦承我的恐懼，並請求幫助（32法）。向盟友坦承恐懼，讓我有機會克服恐懼心態，做我該去做的事。

在團體的幫助下，我訓練自己，不斷「預演」，然後上山下海，向成群的讀者演講，在巡迴演講當中，我發現完全樂在其中。克服自己的恐懼，面對聽眾的演講，這兩者的結合，是我生命中難得的經驗，是宇宙賜贈的大禮。

另還有件好玩的事。在整個巡迴講演中，我發現，竟然也克服了對蜘蛛的恐懼。克服恐懼心態，你也辦得到的，誰知道將發生哪些不一樣的事呢！

# 52 體驗死亡滋味

曾經，一名瑜珈老師教導我們，在冥想當中面對自己的死亡。我們的文化，幾乎避談死亡，也不去思考死亡的課題。可是經過老師多次的指導練習，我開始體會它所帶來的好處。我看出，死亡只是自然的歷程，沒什麼好害怕的。

幾年之後，我和六個人擠在小船上，汪洋大海裡，暴風浪即將吞噬我們，整整四十八個小時我相信，生還已經無望。此時，我注意到自己多麼鎮靜，好像我曾經經歷過多次大風浪，早已見怪不怪了——確實，我「經歷」過，因為在冥想的時候，我們早已練習如何面對自己的死亡。

歷史上有很多文化，不斷透過儀式，練習面對死亡。可以說，這種練習是面對死亡的恐懼與威脅，如果你因此獲得智慧，等於是解脫了。

所以，當你在冥想時，何不練習面對死亡，把它當成是個人成長的某個經

驗。

請撥出點時間，想像自己的死亡。躺下來，閉起雙眼，想像你在垂死邊緣。你的家人、朋友在哪裡呢？這時你有什麼感覺？他們又有什麼感覺？你還有什麼未完成的心願？想交待某些人什麼事嗎？即將離開人世，你對周遭的人有什麼話要說嗎？

然後再想像，你死了。離開了。人世的一切結束了。

這種想像也許令人害怕，即使你知道周遭親友都是愛你的，而且你也愛他們。不過，這只是一種練習，好好體驗你的害怕心情吧！久而久之，你反而能夠解脫。

練習過想像自己的死亡後，可再花點時間想像其他的意外死亡，譬如連環大車禍、墜機，儘量思考各種可能性。

如果你誠心誠意探求死亡現象，並練習面對自己的死亡，這將解除你對死亡的恐懼，同時免除你對其他事物的恐懼。如果說，死亡不再威脅你、令你恐懼，那麼，想一想，生命中還有什麼不能捨棄的嗎？

# 53 物慾的割捨

當我們還住在豪華大宅時，某晚，一場風暴性大火橫掃我們那一區，我們不得不撤離。

正要離開房子時，我們不捨地看著最後一眼，突然覺得，我們累積的物品真驚人，其實，真的沒這些東西，我們還不是照樣過活。

然而這不是說，如果我們的東西全遭摧毀，我們不會傷腦筋，或完全不懷念它們。而應該說，如果有那些物品，我們應該好好享用；而失去的話，我們不必牽掛不已。體會到這一點，我們又有進一步的解脫。

所幸，我們的房子沒被燒毀。而我也看出，這一次的撤離，對我們要求化繁爲簡的生活，真是一項很好的練習，同時也讓我們學習到，放棄對物慾的依賴。

請看看自己的住宅，想像如果還剩三十分鐘就必須撤離，而你只有車子的

後車廂可容物。那麼，你要帶什麼離開？如果你有機會，讓生活再重新來一次，你會有什麼不同的做法？

我們不必等到真有災殃，才做這種思考。現在，我們就能立刻對自己的生活負責，今天，我們就能拋棄對物質的依賴，開始安住在清靜的內心。

當你真的做到這一點，一定很驚訝地看到，我們的所需是那麼的少，可是生活卻相當快樂。

## 54

# 開始說「不」

在我還是小女孩的時候，任何朋友的生日邀請，我一定不會拒絕。可是當赴約日來臨時，我總是不想去。但媽媽一定告訴我：「去呀！去了之後你就會玩得很開心。」然後我去了。媽媽是對的，我常常玩得很開心。

我不斷在想，我應該是那種可以盡情玩得開心的人，而不是花了四、五個小時找氣受。當然，我想你跟我一樣，是同一類的人。

當你的朋友傑克逮住你，邀請你週末到他家聚餐，而你同意參加，因爲，那一天你沒有任何節目，**而且**你也沒有準備任何藉口。於是你非去不可。

當然，通常你會玩得很愉快。不過這不意謂，你不**想**做其他更想做的事，譬如靜靜坐在家裡，沉思生命的意義，或只是放鬆自己，什麼事都不做。

當我和外子吉伯斯共同簡化生活之後，我們對生活上的種種活動，都做一檢視（包括參加傑克家的聚餐），看看那是我們礙於情面，答應人家要做，或

是我們覺得應該要去做。最後們學習到，不適合我們做的事，要懂得說「不」。

我把這樣的建議告訴彼得時，他說：「可是，我說了『不』了，他們還是纏著硬要我參加。」

我立即指出，這些朋友的活動，他根本不想去，彼得同意說：「不錯。但是我很希望他們『請求』我。」

很明顯，你一定要知道，你想去的意願，是否強於你想被邀請的意願。當你開始傾聽內在的聲音，就能感受到，哪些情境是你想參與的，或哪些人你是真想接觸的，至於其他不想參與、接觸的人、事、物，你可以開始謹慎避開。

很清楚，你應該堅定立場，向分心的事說「不」。也許，你的社交生活因此減少，然而這不正是你所期望的嗎？你真正樂意的事，是把時間和精力，投注在內心的成長上。

# 55
# 沒有說「不」的代價

有一陣子，我相信傑克的邀宴，只需在週末夜消磨幾個小時而已，沒什麼大不了的。可是，如果你根本無心參加，那可真是大事了！

其實，參加邀宴，消磨的不只是聚餐的四、五個小時而已。之前，你不斷花費心思**設想**；之後，你又要花費時間、精神**復元**。

如果你的週六、週日過得很單純，安靜沉思，或接觸內心裡創造的部份，努力繪畫，情形絕對是不一樣的。

讓我們來看看，如果接受邀約會發生什麼事。週末來臨，你高高興興撐起畫架，鋪好畫紙，準備創作。可是心剛靜下來，你卻想到晚一點要赴傑克的約會，然而你覺得很不想去，你不斷抱怨，這是在浪費時間與精神。然後你又想起，這是個客人自帶菜餚的餐會(potluck)，而你手邊沒有傑克吩咐你要帶去的沙拉。於是，你不得不暫停畫圖，擦淨雙手，到附近的商店買盒沙拉，開始

動手做特別的沙拉餐。

接著，你開始想，晚上要穿什麼衣服赴宴。然後準備出門事宜，就緒後才上路。也就是說，爲了傑克的餐會，你已經花了好幾個鐘頭，可是卻還沒到他家哩！

最後聚餐結束，你吃得、喝得比平常多，並多喝了幾杯咖啡提神，結果，在咖啡因作祟下，週末夜你睡得不安穩。

週日醒來後，頭腦還覺得昏昏脹脹，因爲你昨晚沒睡好，甚至可能有點頭痛，因爲你多喝了點酒。整天你覺得精神很差。繪畫的事就暫時擱淺。

等於說，你失去了部份星期六，還有整個星期天，這是你沒有說「不」而付出的代價，因爲，你根本不想去那個地方。

在你開始簡化內心生活後，你一定察覺到，有哪些事你根本不想做，而且你也體認到，你多麼想從雜務中抽身，把時間花在自我成長上。

雖然，你可能無法不做**任何**你不想做的事。但你多少知道，如果下一次傑克邀請你，你應該說「不」。

# 56

## 誠以待人

假如傑克打電話來，你就告訴他實情吧。你只消說：「謝謝你的邀請，不過，週末夜我不想外出，我想安靜在家陪孩子。」

如果傑克是知心好友，你的說法相信他會理解的，雖然他可能有點不高興。如果傑克不是什麼好朋友，那就更無所謂了。

記住，你是在爲自己的生命負責，特別是你急需更多時間，探索內在的生活。檢查一下，下星期你將因爲誠懇說「不」而節省多少時間。

很明顯，一些社交機會，靠著簡單的善意小謊言，就足堪應付。可是較親密的友人或親人，你就必須用誠懇的態度，說明你的感覺。你該說多少真話，取決於情況與親友的關係。

爽快承認你的感覺，承認你不想做哪些事。如果你用誠懇的態度，表達真正的感覺，大部份人都願意接受的。

# 57 侮辱

忽視侮辱，強過於對侮辱做反應。當中是有智慧的。

請思考一下，如果你能無視冒犯、誹謗、謾罵，那麼，你將減消多少麻煩與壓力。

下一次，如果有人侮辱你，不要理他。選擇權在你身上，你當然可以選擇一笑置之。

這並不是說，你應該像地毯一樣，任人踐踏。而是說，眼光應放遠些，繼續朝心靈之路前進，你必須保持清醒的頭腦，用在思考大問題，而不是爲小事傷神。

**忽視侮辱**能有效跳離別人的負能量泥沼，或是，跳離自己的負能量泥沼。

# 58 耐性

生活在現代，最有趣的事莫過於，我們幾乎可以做任何我們想做的事。先進的科技文明，讓以前人們無法夢想的事都實現了，而且，我們的欲求與渴望，立刻就能滿足。因此，我們可以說，現代人的耐性，比前人遭到更大的挑戰。

當我們開始向內探索，處理生命中更大的問題，學習如何愛人（73法），學習寬恕（70法），而且，我們要克服恐懼，學習如何說「不」，這樣一來，我們才能創造更快樂、圓滿的生活。

可是仍然有許多障礙待克服。科技無法在一夜之間，征服我們的心魔。而任何的成長努力，似乎總是進一步、退兩步。

有時候，看著我列出來想要完成的目標，不免有些倉皇。六個月前，我本想把「寬恕」這件事完成，從清單上刪除，可是我發現，這個功課依然不斷在

生活中出現，必須去處理。似乎是，我必須從頭開始。不過我也看出，以前的努力，對於現在的課題，真的很有幫助。

個人的成長需要長時間經營，所以，請耐心面對自己，享受整個內心成長的歷程。河流不必我們推動，請讓它自然流動。

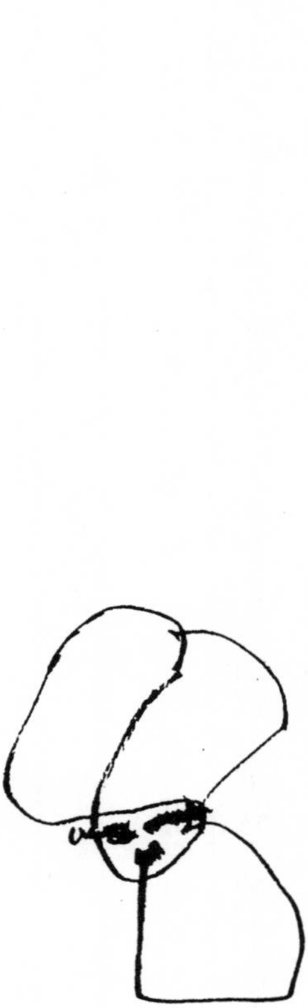

# 59 多笑好

請從下星期開始，早晨的第一件事，就是花個五至十分鐘，開懷暢笑。你可以在靜修的小天地，或廚房餐桌上，或任何合適的地點進行。我們的文化並不鼓勵大家笑口常開。如果你真能做到，將有意想不到的領悟。

當然，沒什麼事好笑偏偏要去笑，好像假假的。沒關係，你可以假設自己是演員，劇情需要嘛！如果能站著的話最好，或坐在椅邊也可以。練習大笑幾回後，腹部肌肉會有點酸痛，不必擔心，繼續笑吧。

笑完之後，靜靜坐著，等待「回饋」（12法）。讓你的身體、心靈、靈魂，吸收所有益處。然後開始你的一天。

如果某個值得信賴的人，能與你對笑，威力更是加倍，不過，可別因對方的缺席而不再暢笑。大笑時，別先笑出眼淚，流淚是後來的事（84法）。

當一星期結束，很可能，你看到的任何事都令你發笑，或許，不用一星

期，你已經有此功力。笑也是一種自我選擇。當你在從事困難工作時，笑是助你度過艱困情境的有力工具。

當你向內探求，並遭遇困難，別忘了運用這個工具。它將改善你的生活。同時，你也該多多與能讓你開心歡笑的人相處。至少，你也可租一卷有趣的錄影帶、看好笑的書。笑是靈魂的營養食糧。

## 第四章

# 黑石與白石

# 60 自律

毫無疑問，追求內心的單純需要採行許多步驟，而在實行時，必須講求「自律」。

最近，爲了消除某個頑固舊習，我想起九歲那年所用的辦法，效果很好，它幫我建立自律，而且也很好玩。我在這裡提出來，希望對各位也有用。

當時我唸小學三年級，一天早上起來，突然覺得羞愧，因爲，九歲大的小朋友，只有我還在吸大拇指。其實，很久以前我就想斷除這個習慣，可是卻無計可施。

忽然間，我想到一個好主意，希望能在「降臨節」之前，戒掉吸吮拇指的壞習慣。我找來月曆，是上半部有美麗圖畫，下半部有日期的那種，並把月曆掛在床邊，藉此讓我每晚看出自己的「成績」。我同時準備「星星貼紙」。

如果我一天當中，沒有吸拇指，那麼，我就送給自己一個金色星星，貼在

月曆的某個日期上。結果，降臨節過後不久，月曆星光閃閃，我終於戒掉惡習。除此之外，我還有額外的收穫，那就是，我懂得培養「自律」的意義。

不論我們是要革除壞習慣，或培養好習慣，這個養成自律的方法很好用。當然，你先要有某個強烈的改革動機，這絕對是最重要的。月曆、星星貼紙，只是評估你有多少進展的工具，當然，這也有某種督促的力量。

或許你覺得，貼星星的做法，未免太孩子氣了。不錯，它是的，但卻很有效，我認爲，人對自己應該保存幽默，並抓回一些童稚時期的專注。月曆和星星，花費是很少的錢，但你卻可能戒除壞習慣，你沒什麼損失嘛，不是嗎？

# 61 星星貼紙

接下來，我們詳細談談，建立自律該採取的一些步驟：

1. 準備好月曆、桌曆，以及星星貼紙。
2. 決定要做什麼事。讓我們假定，你想要消除凡事煩惱不已的習慣。
3. 檢查動機。如果你並不是很想執行，那麼勉強自己等於在浪費時間。
4. 先別告訴別人你要做什麼，以及星星代表什麼。這樣會分散「自律」的專注。你只須在月曆上做個記號，代表你是從哪一天開始執行的，方便進度的評估。
5. 月曆要掛在每天都看得到的地方。
6. 在一天的尾聲裡，檢查月曆，並思考今天的作爲。如果你注意到，煩惱剛一出現，你就能注意到它，並會想辦法應付。很好，請貼上一顆星星。
7. 如果你看到月曆上貼著滿滿三十個星星，那麼，相信你自己知道，你已

經進入狀況了。研究顯示，要改變一個習慣，通常需要二十一天的時間。如果是這樣的話，你至少要堅持三個禮拜。

也許，月曆上有的日子有星星，有的沒有。沒關係，你還要繼續加油，把希望放在下個月，從第一天開始堅持，到月底，或至少二十一天。慢慢你就能革除某個不良習性。

也就是說，如果月曆上有幾天沒有星星，你不能因此放棄，等到下個月再重新開始，這樣是會前功盡棄的，如果你真的這樣想，或許應該再重新檢討一下自己的動機。

甚至，如果到了月底，月曆上一顆星星也沒有，沒關係，只要你仍有改革動機，你只是暫時做不到而已，你仍然是在努力當中。只要堅持下去，在月曆上的**某一天**出現星星，你等於在打破舊習了。

8.只要你能夠在某方面發揮自律，革除某個舊習，那麼，你必能再接再勵，革除另一個舊習。不久之後，你建立了自律的好習慣，生活上的任何不好習性，都能輕易斷除。

# 62

## 戰鬥

我一直自認，自己是積極思想的實踐者。我從小就相信，大部份的事我們都做得來，只要我們真想做的話。而且我也一直把「我不行」從我的字典中剔除。

拋棄負面的思想，似乎是心靈裡永無止盡的戰鬥。我們的思想定義我們的宇宙，也許，我們曾努力多年，和負面思想奮戰，表面上看，我們似乎戰勝，可是再仔細檢討，我們多少發現，內心裡有某個部份並不想放棄負面思想。

也許，我說的情形你也感受到了，譬如說人的憤怒，明明我們知道執著憤怒，既傷身，心情又不好，甚至傷害到別人，不值得浪費生命，可是，有時候我們卻寧願順著脾氣流動，爆發怒火。從這個情形中我們知道，要追求平靜的心情不難，控制自己的脾氣就好了，也就是說，我們其實很清楚自己的負面情緒與思想是哪些，因此，真正重要的是，我們要和負面思想戰鬥。

戰鬥的方法很多，你可以用「肯定」，或圖式擬想。每次負面思想一來，你可以先深呼吸，或用積極思想的貼紙隨時提醒自己、建立自律、讓自己的能量保持高階狀態、冥想、吟頌（90法）、打枕頭（66法）、向宇宙求助（33法）。

要達成目標，當然需要努力，可是，當你越做越順手，就能擊敗影響你的負面思想，讓你用更清明的心境，追求內心的成長。

## 63 黑石子與白石子

最近我聽到一個神奇的故事，提到以前的一位聖人，如何對抗負面的思想。他在年輕時就體認到，如果不斷被負面思想控制，就進不了天堂。聖人決定想辦法解決。

於是他收集兩袋小圓石，一黑一白，放在小茅屋外頭。每次負面思想一來，他就取出黑石子堆置。若有好念頭，他則取出白石子，另外堆放。

年輕時，黑石子堆得比白石子多。有生之年，聖人不斷努力，最後白石子甚至覆蓋黑石子，而在即將離開人世時，他徹底征服負面思想。毫無疑問，他一定進入了天堂。

聽完故事，我立刻有個衝動，很想打電話請人載來一大車石子。不過這似乎不切實際。思考了好一陣子，我想到一個既好玩又符合現代生活的修正方法：利用黑豆。

實際上，任何豆子都可以。你先準備兩個空杯子。其中一個杯子裝滿生黑豆，然後把杯子放在桌上或你最常出現的地方。只要你心中一出現黑暗或負面思想，立刻取一顆黑豆，放進空杯子裡。

在一天即將結束之際，數一數放進空杯的豆子，並記錄在你的自律月曆或其他地方。這個方法可讓你看出一天中有多少負面思想。

一旦你掌握住煩惱、自責等負面思想的多寡，你就能想辦法控制，並用積極的思想取代。當負面思想越來越少，想必內心又有進一步的成長了。

# 64
# 煩惱

煩惱也是一種習慣，只要我們意識到它，就能破解它。不過，煩惱是很狡猾的，而且無所不在，所以，有些人被煩惱纏身多年還不自知。

我所以有這些體會，是因爲多年前，我爲一家公司擬訂促銷計畫。經過好幾個月不眠不休的埋頭努力，有一晚，我躺著無法入眠，擔心事情出錯，也擔心能否如期提出案子。我的思緒亂紛紛地，好像什麼事都做不好。

幾星期之後，我又接了一個計畫，情形依然是，我半夜眼睜睜躺著煩惱——實際上根本沒什麼東西好煩惱的，也許，你也曾發生過這種情形。

在那時的煩惱當中，我突然靈光一閃，想到，我的生命竟是從這個煩惱過渡到那個煩惱。於是我檢查所能記得的情況，然後我看出，很多事根本是我在庸人自擾，同時，煩惱對事情的進展毫無助益。反倒是，煩惱浪費我的精力，讓我無法享受工作中每一當下的成就感。

如果你煩惱多多，何不運用我的黑豆辦法（63法），或你有其他的好辦法，讓自己瞭解煩惱是一種不自覺的習慣。然後，如果你願意，何不採用自律月曆（61法）消除生活中的煩惱。

沒有煩惱的生活，是美妙的解放生活，它讓你的內心更為平靜。

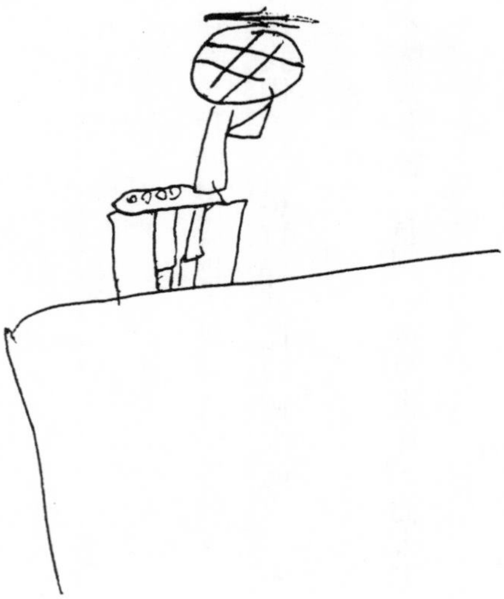

# 65 不必審判別人

我們的教育、文化、媒體，總是不斷強調，我們很優越，是高人一等的。而我們也相信，住得、穿得、吃得比我們差、銀行存款比我們少的人，不值得注意。

真的，在我們的生活環境裡，我們不斷被各種「審判」意見轟炸，而大多數人並沒有自覺到這件事。

當我們有能力反省社會上的審判意見，開始質疑，人生在世，目的當真只爲了買房子、賺錢、買車子？這時我們才能從被灌輸的審判立場脫身，才有機會追求內心的成長。

一旦你開始瞭解，你來人生走一遭，是另有其他目的的，而且，所有的人類都有某種目的的關聯。當然，也許我們並不是很清楚，那個真正的目的是什麼。但這有什麼關係。

所有的人類都是生命共同體，每個人都要盡力做好自己份內的事。因此，我們又何必隨意審判他人、瞧不起他人。

我們絕對不能用自己的標準，審判別人，這也算是一種應該革除的不良習慣。請慢慢放棄審判心態，從頭開始設想人生在世的目的，然後再想一想，是不是每個人都有同樣的目的呢？

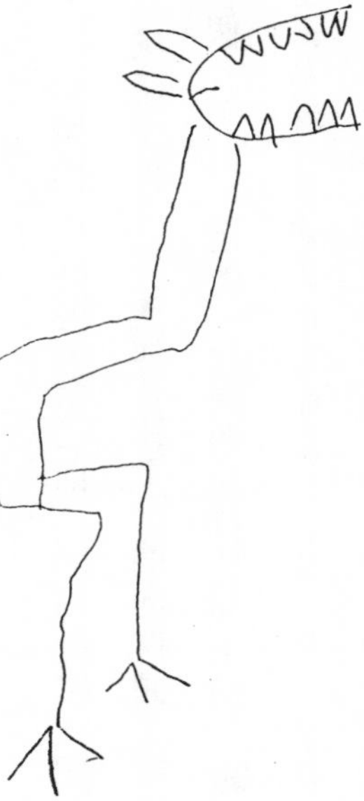

66

# 打枕頭驅怒氣

請從下星期開始，每天早上在開始你正式的活動之前，回到臥室，關起門來，把你所有的枕頭疊在床頭中央，然後跪在床上，面向枕頭，輕輕跪拜，你跪拜的是內在自我與整個大宇宙。接著，你開始敲打枕頭上的光線。這樣做其實是一種精神上的鍛鍊。你可以用拳頭敲打，或用另一個枕頭，或是塑膠球棒。每次敲打約五至十分鐘，如果有必要，時間長一點也無妨。時間一到，請倒在床上，深呼吸，一直調整到正常呼吸速度、心情平靜爲止，起來，像先前一樣跪拜，跪拜內在自我與整個大宇宙，然後開始工作。你絕對無法想像，當做完這些事之後，心情有多麼輕鬆。生命中有非常多的訊息，等著傳達給我們，可是我們常因憤怒的負面思想，阻斷這些訊息的傳遞。

你是如何處理憤怒情緒的？默然不語？壓制心頭之火？把氣發在別人身

上？每當你發覺起了憤怒心，或否認自己的憤怒，就用我提供的方式打枕頭吧，至少五分鐘。而且，你也可以教家裡的孩子這樣做。

如果你覺得心頭躁鬱，有怒氣升上來，這種方式能令你解脫。

也許，你因此而須常換枕頭。可是，這不是比氣得胃痛、得高血壓或心臟病更值得嗎？

## 67

# 怎麼回事？

當你發現處於「不快樂」的情緒波動，例如，憤怒、挫折、不耐煩、煩惱，請花點時間反問自己：「怎麼回事？」慢慢反思，為什麼你離開了清靜的內心？

當你知道說，「噢，那是因爲憤怒」或「那是因爲煩惱」那麼，你才能知道如何因應。你因此才能開始想，你在氣什麼？煩惱什麼？知道原因才能解決它。通常，辨認出你的麻煩所在，至少可以紓解部份苦惱。

如果你在生氣，何不去打枕頭（66法），或呼吸新鮮空氣、晒太陽（3法），記住，一定要做深呼吸（96法），任何的苦惱，深呼吸都對你有好處的。

也許，你不快樂的情緒波動，是因爲餓、渴、睡眠不足，讓身體影響心靈。如果你無從辨認原因，疲倦、氣憤、挫折，就會火上加油，然後你陷入苦

惱樊籠而不知道原因所在。

請相信一件事：我們的**本性**是清靜的、悅樂的，而且，唯有當我們深入接觸自己的靈魂，才能觀照出這樣的本性。我們從負面經驗、負面情緒所感受到的痛苦與折磨，正是要告訴我們，這些都不是生命的本性，只有在我們學習到，如何辨認出自己內心出了哪種狀況，之後我們才能試圖改變，回復本來的清靜、悅樂狀態。

# 68

# 爲自己負責

有些智者把我們的生命說得很「玄」。他們說，人在出生之前，已經選擇好要過怎麼樣的一生，包括選擇自己的父母、健康、性格、種族、文化、地理環境。似乎是說，我們運用所選擇的環境，促成內心的成長。

我不知道這種說法是否正確，但我倒願意相信，或至少，我把自己的生命，看成是自己的責任，我有能力做必要的改變，創造出我想要的東西，然後過快樂的生活。如果我相信，某個超越的力量在主宰一切，那麼，我可能覺得一輩子都難以自我做主，也沒有能力改善任何東西，並求得自己所想要的快樂。如果我相信超越的主宰力量，當我遇上困難，不免希望祂的外力救助，可是這多麼不可靠，不等於是坐以待斃嗎？

任何的力量其實都源自我們的內心。如果我們願意爲自己的生命負責，那麼，我們就能真正選擇精神上的成長。

# 69 接納自己的缺陷

爲自己的生命負責，同時意謂者，接納我們所無法改變的事情。如果你身材五短，卻想成爲灌籃高手；如果你智力平平，卻希望智商一八〇；如果你有天生缺陷，卻一直想望和平常人一樣。也就是說，當你的境遇是天生的，不可改變的，是完全做不了主的，這時，你只有兩種選擇，一是，詛咒它，大罵造化不公，自怨自艾；另一種選擇是，堅韌自己，盡最大努力，繼續把遊戲玩下去。

你必須開放自己，面對另一種**可能性**，也就是，承認「我們選擇自己的生命形態」，這些智者的說法是正確的，然後設想，你可以在自己的生命境遇中，盡力學習到什麼。

也許你聽過海倫·凱勒的事蹟，她的個人生命受到無盡的限制，然而她卻自若應付，並超越突破——甚至爲人類教育做出貢獻，獲得無數榮譽獎項。是

不是?你也有可能接納無可扭轉的缺陷，然後克服障礙。

向內心審視，找出生命的意義，這並不代表說，我們藉此逃避目前境遇的挑戰。反而這意謂著，我們學習用自若的態度，讓自己的生命內容發揮最大可能，而且，在接納自己之後，讓生命做最高層次的成長。

## 70 學習寬恕

在成長的過程中，我哥哥常打我、欺侮我，一直到我十三歲那年，他離家，準備擔任耶穌會的神職人員，那年他十八歲。

他離家之後，我的日子過得較爲平靜，就是一般人說的「正常」生活，而我也漸漸淡忘被欺侮的早期創傷。甚至，我不斷幻想，我過了一段非常快樂的童年，其實這種情形，我們現在稱之爲「否認」作用。

實際上，我們不可能真正抹去童年所受的傷害記憶，有時候它會突然浮現，而我們也必須面對處理。

多年後，我接受諮商輔導，探討業務上令我困擾的人際關係，可是最後總會扯上我哥哥。經過好幾個月的治療與自我反省，我才揭開多年來一直埋在心中的怨恨心結，當時我非常確定，這一輩子我都不會原諒哥哥。

可是，自從我懂得如何接觸自己的憤怒情緒後，我開始瞭解，爲什麼某種

遭遇類型，一直在我生命中重複。而最後我逐漸看出，克制怒氣能讓我進一步成長，我也深深體會，如果我想不斷成長，我一定要寬恕哥哥。

花了好幾年的時間，而且也不斷沉思，終於有一天，我拿起電話筒，打電話和他聯絡。我真的能夠以最真誠的心意，寬恕他多年來對我的虐待。

打完電話後，我開始作畫。繪畫是我多年來一直想從事的活動，可是總靜不下心畫。想不到，這兩件事有緊密關聯，而寬恕是臨門一腳的關鍵：第一個月，我寬恕哥哥；第二個月，我創思泉湧。

我真誠建議各位，請趕快把你所憎恨的人名寫下來，然後從今天開始，學習寬恕。當然，我們很難在一夜之間解消以往的恩怨，可是，你至少可以發願，踏出第一步。更何況，你可能從閱讀、參加支持團體中，獲得幫助，如果必要的話，也可接受輔導（47法）。做什麼都可以，只要你願意踏出寬恕的第一步。

請記住，寬恕不是爲了別人，也不一定能改變錯待你的人，但寬恕能解放自己的靈魂。

# 71 脫離關係

人類仍然保有群居的本能。在團體中，人會覺得舒服，而與家人、朋友、愛我們的人相處，更能讓我們成長。

可是，有時候不幸的事會發生，我們最親近的人不再支持我們，配偶、親友、各種團體中的友誼，都可能在生命歷程中變質。以前能夠幫助我們的美好關係，說不定在變質後令我們的生命倒退。

我們很容易被舒適的長期關係所惑。可是，你仍然必須問自己一些問題：那個人真的愛我嗎？或者，他之所以和我相處，是因為有某些缺乏、某些需求，想從我身上得到？或者，他們很真心、很快樂地分享我的成就？或經常潑冷水、落井下石？他們真的愛你到足以信賴你，放手讓你自由追求更佳的機會？

不願接納，或是難以察覺的細微排擠，將大大妨礙你的成長。如果你無法

從人際關係裡，獲得足夠的關愛與支持，那麼就更難達成讓內心單純的目標。

如果你遇到處不來，或干擾到你的人，怎麼辦呢？

最簡單的是報以微笑後，慢慢脫離這樣的關係，讓妨礙你的人盡量不要在你的生活中出現。

而且你也必須體認，家人、親友關係，在你的生命中確實有其目的與意義，但不一定可長可久。有時候你也必須承認，會有緣盡之時，該是走另一條路的時機到了。然後，你才能真正集中精神與時間，把精力專注在支持你、關愛你的人我關係上。

# 72 自己找答案

在新生命之旅的路途上，你一定會有機會，與朋友、家人分享你對新發現的喜悅，同時，你也會避開那些無法瞭解你並帶來負面能量的人。然而有些原則我們還是要記住。

首先，我們要學習緊閉雙唇。或至少，不必把自己對內心的每一滴新發現，汲汲於想和身邊的所有人分享。

其次，我們要懂得抗拒誘惑，不一定要每個人與我們結伴同行。因爲，每個人要走的路，不會完全一樣的，對你有用的，對別人不一定有好處。你也必須體會，內心追尋之路有時候很刺激，很有成就，但有時候卻很孤單。

如果有人問你，靈魂追尋的路倒底是怎麼回事?你可以用大眾化的言語，解釋說，你正開始用以前沒做過的方式，發現生命中的新事物。不管你用什麼方式說明，絕不能帶著防衛心態，辯論說，你走的路是最正確的，這樣只會減

低你的能量，讓你更爲退步。你不必浪費這種時間。如果別人沒問，你根本用不著說明。

同時你也要留意，也許你會遇到同是靈魂追尋者，他們的老師或是不同發現，引起你的興趣，可是你必須知道，他們的路不一定適合你。知道在新生命之旅上，我們也有志同道合的益友，這樣就很寬慰了。

學習不受外人的影響，將是你路途上的最大挑戰；自己去找答案，才有最大的收穫。

## 73 生命的課題

在我的經驗裡，要讓內心單純，重要的是必須找出一個最重大的課題，鎖定它去解決。

而我的大課題就是憤怒。從童年開始，我就一直懷恨哥哥，最後憤怒變成一種習慣。

長大後，我的環境改變了，可是我對某種熟悉的情境，很容易升起憤怒心。很多人早就指出我的毛病，可是我一直無法瞭解，直到我開始簡化生活才慢慢體悟，主要是因爲，我有了更充裕的**時間**面對自己。

有些智者的玄理是這樣説的，人來到世間，就是要體驗生命中這個最大課題，並設法克服，藉此而成長。這樣的説法或許是真的。或者至少，學習應付這個生命的大課題，讓我獲得極大的解脱。而且，能夠克服它將創造出更多的喜悅空間，同時也讓內心更爲單純。

如果你還不知道自己的最大課題是什麼？請花點時間好好想一想。如果還是想不到，何不向最好的朋友請教（真的是好朋友的話，他們樂於告訴你有什麼大毛病的），而你獲得的答案將令你吃驚。當然也有一種可能，也許他們是錯的，然而，最後仍將靠你自己的誠心思索。

如果你果然發現生命中的最大課題，也許那是自責、否認、軟弱、侵略、懷疑、妒忌……無論那是什麼，請不要遲疑，立刻鎖定它改進。你的身體、心靈、靈魂，將獲得最大的解放。

## 74 瘋狂消費

貪婪、揮霍性消費、速食式慾望滿足，八〇年代的這些經濟混亂，所帶來的不良後果，迄今仍有部份遺害。於是，九〇年代引發了心靈成長、簡樸生活的運動，並蔚爲潮流。可是，如果你是經常爲房租傷腦筋的無殼蝸牛，想獲得內心的寧靜也難。

一般人總是毫無目標胡亂消費，再加上媒體的推波助瀾，讓我們忘了財務的限制。我們越來越相信，沒有理由不擁有某些東西——不管我們買不買得起，不管它是什麼貨品。甚至，在廣告的慫恿下，我們忘記錢是辛辛苦苦賺來的，反而奮不顧身購入一些我們用不上的商品，結果生活變得更雜亂，也妨礙了個人成長。

如果你曾經吃過這種虧，那麼，在財務上的調度，你應該更爲謹慎，設法改善你對金錢的消費態度。

市面上有許多書籍介紹如何做好財務規劃，我個人推薦 Joe Dominguez 與 Vicki Robin 合撰的《Your Money or Your Life》。這本書提供新觀點，讓你思考賺錢與花錢的藝術。

當然，過著更爲簡樸的生活，也將減少你的花費，整套方法在我的書中《生活簡單就是享受》（Simplify Your Life，新路出版公司出版）都有提到。

一旦生活上的財務狀況能夠平穩，內心也將隨之更趨平靜。

# 75

## 鍛鍊身體

對大多數人來說，如果隨時保持樂觀，維持精神上的自律，然後逐步消減負面的思想，在這樣的歷程裡，似乎內心比較容易有所進展。

相對地，要擁有健康的身體，似乎頗爲不易。因爲現代人營養過剩，反而大吃大喝，同時垃圾食物充斥，號稱健康食品的藥物氾濫，甚至亂服成藥，這些統統危害到我們的身體。

該怎麼辦呢?當然，凡事都要有所節制，何不先從飲食習慣下手。食物是我們的最好治療劑，但切忌吃喝過量。其實，你應該隨時傾聽身體的反應，而吃東西的時候，一定要提醒自己，那只是爲了維持健康，以及能量的補充，飲食過量絕對是身體的大敵。

此外還必須適度地運動。保持身體健康，也不能做過多的激烈運動，能夠隨時活動筋骨就算不錯了。

你可以做動態的運動，如散步，或做些柔軟運動，如瑜珈，或伸展身體。如果我們不常活動筋骨，讓肌肉動動，上了年紀後，關節跟肌肉就不容易使喚。只要對你身體有益的活動，都可以去做。

同時也要有充足的睡眠。你還是要傾聽身體的聲音，作息規律些，這樣才能容易入眠。其實現代生活，已經把身體與睡眠的自然規律打亂，不過再怎麼亂，我們依然需要休息與睡眠，睡眠絕對是儲備精力、保持健康的良方。

我們知道，壓力是造成疾病的主要來源。所以，你一定要改變生活方式，設法消除緊張。消除壓力與緊張，還有一項好方法，那就是冥想。當然，簡化生活、有獨處的時間，或是在安穩的小天地靜靜坐著，也能減少壓力。而放懷大笑（59法）、保持愉悅心情（99法），也將讓你的生活更有彈性，緊張全消。

# 76 提昇能量

除了保持健康身體，要讓內心更爲單純，同時也需要較爲高階的能量。低能量時會製造數不清的問題，例如挫折、煩躁、遲鈍、沮喪、困惑，這些東西都將讓你的心靈之旅難以繼續。

你必須瞭解，有哪些情境、哪些人，耗弱你的能量。

先檢查一下噪音來源，像是吵雜的收音機、音響、電視、交通噪音、喧鬧人聲。設法消除這些干擾的入侵者，並留意，你的能量是否逐漸調高。

你有沒有感覺到，和某些人相處後，你變得無精打采，心靈失去平衡？也許，表面上你和他們相處得很愉快，可是他們離開後，你若有所失，好像能量被他們帶走了。若有這種現象，請儘量避免。

太過疲倦、工作過量、吃得很少、過度在太陽下曝晒、天氣變化大而沒有好好調整服裝，都會消耗你的能量。同樣，沒營養的瞎扯閒聊、人際鬥爭、還

有所謂的「新聞報導」，也是這樣。

有時候，你發現能量耗盡，可是找不出原因。這時，最重要的事就是檢查曾做了什麼事，談過、想過什麼，或你吃、喝什麼，藉此，你才能慢慢瞭解，影響你生命能量的因素出在哪裡，以後儘量避免。

越能把負面的能量從生活上排除，就可能引入積極的能量，然後就越能深入接觸自己的靈魂。

# 77 美味的耽溺

一位練習冥想多年的朋友，有一次在冥想當中看出，她生活上的一些耽溺，影響到生命的覺性，然後她眼睛眨都不眨，立刻放棄以前一直喜歡的美食、飲料，內心因而有更進一步的成長。

她立刻開始吃素，也不喝含酒精、咖啡因的飲料，並避吃加工、糖份過多的食物，因爲這些東西不斷在減低她的能量，不久之後，她覺得能量昇高，而且從未如此神清氣爽過，內心的成長也因此跨了一大步。

在我初次向內追求時，我採用聖奥古斯丁的方式祈禱：偉大的上帝，讓我成爲聖人吧！後來我發現，光只是這樣做仍然不夠。如果我依然無法放棄巧克力奶油果凍，仍然陷溺在許多物慾上，進步仍屬有限。

很多人發現到，當他們開始打坐、冥想，向內心探求時，所吃、所喝的飲食，會影響到內心的平靜。通常，如果我們吃下不當的飲食，要實際接觸內

心，可謂難上加難。

請趕快決定，你有哪些飲食慾望需要消除，當然，這是你個人的選擇，不過我想，你在選擇時，內心的傾向，多少又受到你吃過、喝過飲食的影響。如果你已進入狀況，相信你早就知道，哪些東西妨礙到你對內心的接觸。

# 78 飲食之道

曾經，我問過一名老師，希望他在飲食方面提供指導。最好是提供我該吃與不該吃的食物種類清單，然後我存入電腦，該不該吃什麼，核對一下就知道，多麼簡單！我希望因此而有精神上的成長。

而老師卻告訴我，他做不到，這真叫我失望！不過他建議說，我應該傾聽身體對我吃過什麼的反應，同時也傾聽身體，看吃哪種食物對自己最好。

他說的話我當時聽不進去，反而參加各種控制飲食的神奇療效班，而且還換了好幾家。然而最後我才體會，老師說的話才對。我們每個人都有不同的飲食需求，這是因爲每個人有不同的生活形態、不同的體質。因此同樣的飲食計畫，絕不可能適用於每個人的不同需求。

如果你的身體機能並不是處於巔峰狀態，如果你常頭痛、肌肉酸痛、胃脹，或有其他生理小毛病，那麼，你應該查一下，你到底吃了什麼、喝了什

麼，這可能跟你的身體不適有關。

有一陣子，我幾乎都生吃蔬菜，認爲這對我的健康有益。幾個月後，我開始出現消化上的毛病、肌肉酸痛，最後變成黏液囊炎（bursitis）。起初我認爲這無關緊要，但進一步檢查後，我想到自認爲健康的新飲食習慣，然後我發現，我的身體不適合從生冷食物中吸收養份。於是我燙熟青菜吃，而一夜之間，我的毛病大幅改善。

要知道什麼食物最適合自己，一定要傾聽身體的聲音。這當然需要耐心練習才能累積經驗。當你愈注意自己身體的反應，你愈能瞭解身體傳出的訊息，這將幫助你決定，哪種食物最適合你。

# 79

# 固定的生活類型

開始簡化生活之初，我決定要減少每天待在辦公室的時間。我刻意安排後，果然能在五點下班，而不是拖到晚上七點。

等於，我每天多出兩個鐘頭，或一星期多出十至十二小時，多出來的時間我可以做自己喜歡的事。起初，我覺得有了解放，我可以在傍晚散步、靜靜坐著、冥想，或什麼事都不做，只是放鬆自己、欣賞落日。

這樣過了一陣子，我注意到自己又有強烈意圖，想坐回辦公桌，像以前一樣，工作到七點。

我不明白這是怎麼回事。因爲我早就決定，**不要**工作太久，應該要有遊玩與休息，或是做別的事。可是，待在辦公室太容易了，而且很舒服，該做什麼我清清楚楚。而早點離開工作崗位，我變成**要去想該做什麼**，而我也要調整身心，去適應它。

對想重新坐回辦公桌的傾向，我思考了很久，終於體會出，工作到晚上對我已經是一種**習慣**了，它成爲我固定的生活類型，要改變的話，絕對要有意願與決心，再加上自律。

當你開始探索豐富的內心世界，通常，我們的意向是很強烈的，你很想閱讀心靈讀物、安靜沉思，或享受沉默，這樣的意向大大壓過以往的舊習慣。可是，除非我們真懂得到底要追求什麼，也專心建立新的生活類型，否則，舊習慣依然會去而復返。

有時候，瞭解自己的目標，並瞭解自己的舊習慣，大致上就能讓你勇猛精進，即使舊習慣會有妨礙，力量也是很小。可是，如果你發現舊習慣牢不可破，那麼，你就要發揮意志與自律，運用月曆與星星貼紙的方法（61法），逐步改進。

## 80

# 改變

成長是需要改變的。而所謂的改變，就像我初次重新安排工作時間一樣，多少造成了心中的不安寧。如果你多年來一直有固定的習慣、信仰，追求內心的成長，難免造成生活上的變動。絕不可因此而退縮，你必須好好調適。改變是令人激奮的，能讓你接觸自己的靈魂。

多年前，當我正想改變職業生涯時，一名諮商員強力建議我，至少休息一年，什麼都不做。一整年什麼都不做？怎麼可能？這樣的改變令我無法想像。而一些跟我同樣過匆忙生活的人，也爲我擔憂，如果我淡出工作舞台，可能從此一蹶不振，或是重回不來。

我費了好幾個月，經常數小時的靜靜反省，然後才看出這一勸告的智慧。最後我決定選擇我認爲該做的事，重新安排職業生涯，在某段時間卸除工作負擔。

在那一整年什麼都不做的時日裡，可說是我最有**啟悟**、最多產的一年。我不僅有機會探索自己的靈魂，而且也革新了我的信仰系統，同時，我與自己的**生活**更為貼近，培養出更為不同的觀點。我覺得很好。

我並不是在勸告你跟我一樣，休息一年，但是如果你的生活變得難以控制，這未嘗不是可以開始思考的起點。

如果你覺得被某個不合宜的舊習慣卡住，或你獲得不到新東西，也許是你該想一想如何過不同日子的時候了。真正的內心成長是：你可以經驗新思想、新感觸、新友誼、甚至新的自我認同。請讓自己接受改變，向改變開放。

# 81

# 難關是天賜大禮

二十三歲那年，我跟一名年輕有爲的醫生結婚。根據他自己的診斷，他是癲狂與抑鬱的偏執狂精神分裂症患者，他常有莫名其妙的幻覺。此後的四年，我像生活在地獄裡。毫無疑問，那是我一生中最悲慘的日子。

還算幸運，我終於找到必要的力量，脫離這樁婚姻。更幸運的是，一名很有智慧的朋友向我指出，這段受苦受難的日子，其實是一項極有價值的功課，它促進我個人的成長。不錯，我學習看到更多人類的本性，以及我的力量與缺點，我很懷疑，如果換了其他環境，不知道我還能不能學到這些。

現在，每當我回顧這段婚姻，內心依然痛苦異常，可是我卻可以看出，這是整個宇宙賜給我的大禮。我很感激，能有這項經歷，它對我的生命帶來積極貢獻。如果你有類似經驗，卻誤認爲，你的一生多災殃，我想告訴你，看在內心成長的份上，你應當改變想法。

請找個有空的時間坐下來，寫出你的情況、遭遇、環境，以及你為什麼要把問題看得這麼消極。先看你所寫的第一項，在那樣的情境裡，你能獲得什麼益處呢？然後再看其他項，你是不是也能避免呢？設想因為你從其中學習到功課，所以你的生活變得好過了。

譬如，因為我曾有不幸婚姻，但在急流勇退之後，我懂得為自己創造更滿意、更快樂的生活。我終於知道了，很多人在婚姻上並無法和諧共處，可是他們認為那是他們的選擇，所以壞歸壞，但仍然忍了下來，結果悲慘的日子過得比我還久。

當然，我也很希望，第一次結婚就能百年好合，但事與願違，所以我只能有兩種選擇：在餘生中自怨自艾呻吟；或者，盡可能從教訓中學習，然後整裝再出發。

請再次思考你的生活、你的環境，以及之前的負面觀念，然後再超脫一點，看看這些經歷能不能促成你的內心成長。請重新開始過生活，並告訴自己，過去的不幸不會再有問題。你一定有機會開悟的。

## 82 感恩的心

現在你已經看出，過去的錯誤，其實正是生命的成長因素。因此，對於過去你做對的事情，更應該心存感激。

看看你的親人、你的朋友、你的家庭、你的愛車、你居住的城鎮、你的健康、你的工作——你應該把要感激的事條列出來。也許它們還不是十全十美，但你仍有機會改善。

以往的錯誤可能無法改善，但造成錯誤的壞習慣卻可以革除。至少，你可以透過諮商、冥想、反省，或藉著各種支持團體，替自己做改變。我們都有機會做自己想做的事，過我們想過的生活。

如果你無法自然升起感激之情，那麼你可以嘗試做做看，用貼便條紙的方式提醒自己，把便條紙貼在家裡、車上、辦公室，直到感恩的心成爲習慣。用感激的習慣替代煩惱（64法）。

你也應該培養每天感激的習慣，在一天的尾聲，列出當天所有值得感激的事情，誠心感激。

然後你將發現，感激似乎是天然律則，會不斷擴充：你感激得越多，越多的事更值得感激。

# 83

# 勇於思考

閱讀完拙著《生活簡單就是享受》，許多讀者的反應是：「很明顯，我需要簡化生活。如果我以前好好想的話，我也能用自己的方式辦到。」

他們說得非常對。生活上需要做改變的事情是很明顯的。可是我們總是太過忙碌，無法去「思考」該怎麼做，我們被壓力緊纏、被舊習慣死綁，因此培養不出思考自己生活形態的習慣。

當你設定方向，立志簡化生活，那麼，一定要養成習慣，每天早晨花點時間思考，你希望用哪種方式辦公、做人際互動？

然後，晚上臨睡前，也花個數分鐘想想，你今天所想做的事情，做得怎樣？

你也要思考，今天有什麼事讓你遠離了快樂，讓你無法過想要過的生活？接著你再想想，明天可以做哪些不一樣的事來改善？

除了每天的生活評估外，我們也需要更多時間，思考更大的問題。你可以把這項時間加進到獨處（93法）的時間表裡，好好思考內心與外界的生活，看你想達成哪些目標。當然，週末的時間更可充份利用。

我們的內心自然會讓我們知道，我們需要過哪一種生活，以及如何去實現。

內心的平靜不是無緣無故自動臨降的，必須要努力去實現。而勇於去思考，就是促成實現的最佳工具。

## 84

# 流淚好多

流淚比常常大笑（59法）困難多了。在我們的文化中，哭泣是弱者的表現。可是，流淚卻是很有力的工具，清除雜質，帶來內心的成長。

也許，你很需要好好大哭一場，可是卻沒有意識到，或者，你的生活經常在淚水邊緣。

若是這樣，你應該安排時間，每天和淚水相伴，或依個人需要選擇流淚之日。

現在，你已經簡化生活了，有很多時間可以運用。請讓自己有三十分鐘的哭泣時間，如果你意猶未盡，不必讓時間限制你，哭到感情宣洩、淚水不再流爲止吧！

跟開懷暢笑一樣，初開始時你也應該把自己當作在演戲，當然，你若能扮演更多的角色，那自然最好。剛開始的前幾天，也許你流的是假眼淚，這又何

妨，最後，真情的淚水一定會淌然而出的。

我的朋友辛蒂，最近剛和丈夫仳離。她是堅強、充滿母性光輝的女性，多年來，不知有多少人伏在她肩上哭泣過。可是該輪到她落淚時，她卻不易輕彈。

後來，她租了悲情劇集的錄影帶，觸景生情之下，終於淚水潸潸，好幾個月之後，她才淒淒止住淚水，而她的酸楚悲痛，也隨著淚水的流出而宣洩，慢慢回復正常生活。

我們的文化一直強調，一定要咬緊牙根，不可輕彈淚水。可是，流淚有什麼不好？這也是生命力的流動。如何讓不好的能量釋出呢？哭泣將讓你重獲自由。

## 第五章

# 有趣的神秘經驗

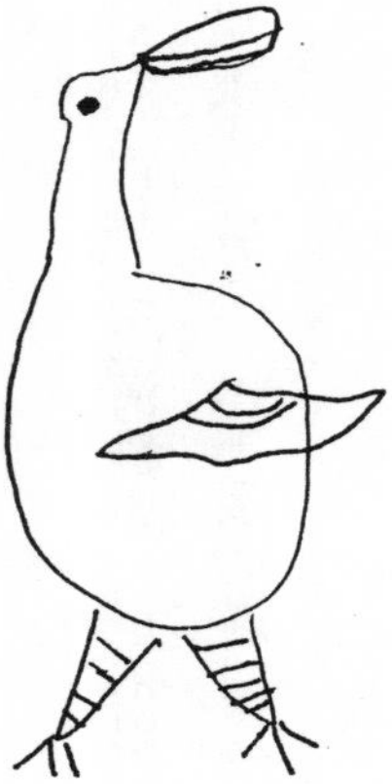

# 85 拜訪通靈者

對於我在本篇的建議，或許有些人會不以爲然。不過依照我的經驗，當我們四處碰壁，無法超脫困境時，一名好的通靈者，會提供有價值的啟示與解說。

多年前我正處於困境，感受到許多壓力，但是卻無法澄清難題，更不用說要如何解決了。一名好朋友剛好打電話來，建議我去看一位她接觸過的通靈者。

我接受勸告，同時計劃系統性閱讀些有關靈修的書籍。這方面的閱讀，不僅對我當時的情境提供某些解答，同時也紓解我的許多壓力、苦惱。而通靈者對我的帶領，甚至對未來的預測，確實非常有助益，讓我採取了對未來有利的行動。

每次見她的時候，我都做筆記，事過一年後，我把自己的遭遇印證筆記，

她所提供的啟發與智慧，總是令我驚異。經過多次的接觸，我發現，她的洞見與清晰預示，對我的生活很有貢獻。

說真的，我並不是在建議，把我們該自行努力的生活，丟給別人去預測與詮釋，不論他們預測得多神準，通靈者的意見，其實應該透過我們的常識與智性去判斷。

由於我已經簡化生活，有很多的時間可以傾聽心聲，因此，我對自己的直覺與體悟，有了長足進步。甚至可以說，我在某種程度上可以信賴自己的心靈力量。其實這方面的能力我們每個人都有。我把這件事視爲，那是個很好的運用工具，能在需要之時，幫我們獲得某種啟示。

哪裡可以找到好的通靈者呢？就跟你如何找到好的輔導人員一樣：先請教周遭的親友，然後面談看看，直到找著你認爲合適的人選。

我們所需的訊息，理解、解決問題的方法，永遠要靠我們的找尋，而答案經常在我們身上。當然，如果因爲某些因素，我們無法反求諸己，一名足以信賴的通靈者，對我們是有暫時助益的。

# 86 古文字奧秘

有一個很有趣的方法可以接觸自己的直覺，那就是透過古文字。《北歐古字書》（The Book of Runes），這本由瑞福．布恩（Ralph Blum）所著的書籍，很容易在書店買到，此外還附上一袋二十五粒扁平石，上面印有古維京文字的象徵。

書上對於古代字母的字體，有異於傳統的解釋，並可視爲是現代的神諭，它們能協助我們「看清自我」，應對我們生活上的問題。

我第一次接受這樣的指引，非常驚訝於它的準確性，確實針對我的特殊境遇提出合理的解釋。當我事後再核對記錄時，真的感受到，這些古文字一直都能提供答案，提供當時我所需的必要啟悟。

與這些古文字的接觸非常有趣，我真是不瞭解，它們爲什麼能那麼準確，不瞭解沒關係，何況我也不在乎，只要有用就可以了。而它們在我的接納下，

也真的提供幫助。

實際上，這些古文字並沒有預測未來，也沒有提供任何忠告讓人去遵循，然而，古文字的書寫充滿著智慧，因此似乎什麼事都能做。當你分析它們所傳送的訊息，你是用自己的直覺在看事情，然後透過古文字的閱讀，你掌握住特定時空裡的特定問題。

## 87

# 潛意識錄音帶

好幾年前，朋友在我生日那天，送我一卷「潛意識錄音帶」，它的名稱叫《快樂與歡笑》。爲了表示對她的謝意，我把錄音帶放進桌上的錄音機，輕聲地播放，而且幾乎是日夜不停。

外子吉伯斯可說是個懷疑主義者，他注意到我不斷播這卷帶子，但是我沒有告訴他這是「潛意識錄音帶」，我們只是聽著播放出的大自然平靜天籟，而音樂裡似乎包括了千百萬無窮訊息。

聽了一個多星期的錄音帶，有一天在吃早餐時，吉伯斯竟對我說：「你知道嗎？我感覺非常的好，我這輩子從沒有這麼快樂過！」

聽他這麼一說，我懷疑，也許「潛意識錄音帶」真的發揮效力哩！隨後，我在半年裡，陸陸續續聽了六種不同主題的帶子。

我並沒有實際探索這些帶子能發揮的真正功效，但是，當我在聽《不要拖

延》的錄音帶時，我真的看完三本我計畫看的書。而當我聽《職業的高峰表現》時，我工作得特別起勁，而且非常專心，這是沒有聽錄音帶以前沒有過的事。

我也播放《你能做任何事》的帶子，整整一年，而我也真的克服在大眾場合演講的恐懼。而《深深放鬆》的帶子，讓我安靜坐得更久，並因此而學習冥想。當然我也聽《少吃糖》的帶子，不過巧克力脆片冰淇淋對我的誘惑實在太大，目前我還無法放棄這一嗜好。

除了有改善我們外在生活的錄音帶外，還有許多對內心世界有幫助的「潛意識錄音帶」，如：《快樂的生活》、《愛與被愛》、《治療的力量》……等等。

我不瞭解為什麼「潛意識錄音帶」會有效果，但我發現到，它們對我們的心靈會產生影響力，而且是有趣、有效的工具，甚至它們能幫助我們成長或改變。

# 88 往上飄

有時候，當你覺得外界的壓力很大時，離開它。不論你人在哪裡，請靜靜坐著，閉上眼睛，深呼吸幾分鐘，然後集中精神。

開始**想像**你人在天花板，或人在頭上七、八呎的地方，往下俯看自己，你正安靜坐著。你趁機檢查一下，短暫「超離」自己的生活，感覺怎麼樣？接著飛高一點，飄在屋頂上，瀏覽整個城鎮與田野美景，享受不同視點的景緻。

然後再移高一點，直到你看到地平線上的起伏建築或山水。凡塵就在你腳下，你的上方只有浮雲。你可以想像，十丈紅塵裡的匆忙人群與擁擠交通，也許你還聽到噪音集合起來的低沉轟隆，所幸，你現在並不是他們的一份子。

繼續再往上、往上飄，直到地球看起來如卵子大小。你超越於所有之上，非常自由，請好好享受這樣的自由。然後，在你準備就緒時，開始回來，回到

地球，回到自己。這時候，請留意自己的感覺，看看有哪些不同。即使只是微小的變化，對你都相當重要。心靈上若有越多的小改變，累積久了，就引起越多的大改變。

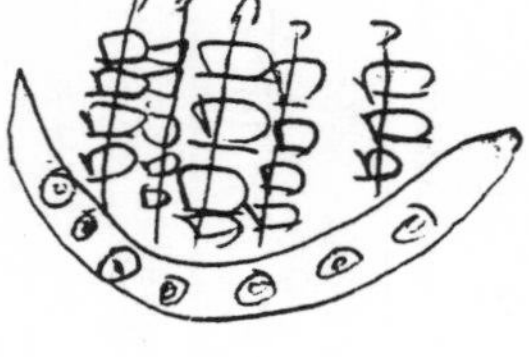

# 89 瘋狂寫作

當你身處困境而不知如何脫身，或者，你無法理解目前的生活情境。請拿出紙和筆來——不是要寫日記，因為你即將寫的東西，不必保存下來，甚至不會再重讀——然後用「另一隻手」瘋狂地寫。

寫、寫、寫、寫、寫，寫到你覺得心情有了紓解。

如果你慣用右手，那麼，你就要用左手寫——雖然這麼做很麻煩——但是，那將幫助你發展右腦的直覺功能。而且，有時候這樣做會幫助你接通內心的真實感觸，而不是繼續用左腦在分析。

如果你發現用左手寫很困難，那麼就用右手快速而瘋狂地寫，但不要停下來閱讀或分析你寫了什麼。一定要不停寫，寫到你好像找到了問題點。

當你處在很大的壓力下，當然無法聽見內心的聲音。不停地寫、寫，是一個不帶痛苦的方式，有效接觸自己的直覺智慧，並揭示自己所不知的真理。

# 90 吟頌

吟頌是一種古老的、接通宇宙的修練，世界上絕大多數的文化與宗教都少不了它，吟頌能激起人的更高意識。

特別是，與團體在一起時，這種方法更爲有效。不過，單獨一個人也可吟頌，同樣會帶來助益。請挑選提昇心靈與擴展靈魂的字或詞。然後大聲、重複地吟頌這些字詞，你可以用中文、英文或其他語言發音。

先請安靜坐在不打擾別人，也不被別人打擾的地方。開始大聲吟頌你所挑選的字或詞，慢慢發展出自己的節奏。你可以嘗試不同的節奏，直到你發現認爲合適的，而且可以隨節奏自然流動。如果你覺得進入狀況，也可以擊掌或隨之搖擺，不斷保持最佳姿勢，與整個吟頌合而爲一。每次最好做三十~四十分鐘。這將提昇你的心靈。

每過一段時間，改變你的字或詞，並發現每組字或詞的特殊性質。也許有

的字詞會讓你覺得平靜，另有些則讓你覺得快樂，或提昇能量。請利用你的日記記錄你對每次的吟頌有什麼反應。

然後，當你想改變某個傾向時，把適合的吟頌挑出來，就能改善當時的心境。

# 91 飆舞

請找個好時間、好地點，在這裡，你不打擾別人，別人也不打擾你，大約花三十~四十分鐘，時間長一點也無所謂。請穿上舒適、寬鬆的衣物。放些你心有所感的音樂，古典也好，搖滾、爵士、擊鼓樂也好，不拘形式。盡可能開大聲，但不要大到妨礙別人的安寧。

請站在房間中央，閉上眼睛，用全副精神去感受音樂，讓你的身體隨之擺動，與音樂一起呼吸，彎曲腰部。你還是站在同一地方，隨音樂移動雙腳，眼睛繼續閉著，搖動並旋轉，完全把音樂吸收到身體裡。

慢慢睜開眼睛，隨音樂節拍在房間內走動，創造自己的舞步。旋轉、扭動、踏腳、手舞足蹈。愛怎麼動就怎麼動，只要能跟隨音樂律動，保持心情興奮。也許，你要練習個一、兩次，才能進入狀況，請不要放棄，繼續努力。

音樂停止時，用背部躺在地板上，慢慢、慢慢打開眼睛，讓自己的意識完

完全全放在自己的身體上。就這樣靜靜躺著，吸收寧靜氣氛，直到呼吸回復正常。然後慢慢站起來，對著音樂與大宇宙，做感激的一鞠躬。

請每天自由跳舞，連做數星期，然後，你的心情將更加提昇，心情變得更輕鬆、充滿喜悅。

如果你們是團體共舞，每個人應該用自己的方式去跳，不必和別人配對跳舞。這樣的跳舞方式，你將從團體中獲得不可思議的內心支持力量。偶爾，有團體聚會時，何妨用這種方式，放懷跳跳舞。

# 第六章

# 享受獨處之美

# 92 學習傾聽內在的聲音

如果你覺得缺乏直覺能力，或無法接觸內心的聲音，那麼，學習如何傾聽內在的聲音，將助你達成心靈的單純。

這當然需要時間、需要耐心，也需要自律。然後你撥空，要求自己靜坐下來，傾聽。

在我第一次學習開發自己的直覺時，我向自己問了些問題，可惜的是，我沒有多花點時間，等待答案浮現。直覺的反應通常是很細微的，特別是我們第一次傾聽時。因此，除非我們仔細傾聽，否則很容易漏失訊息。

直覺除了會告訴我們，我們該去做哪些想要做的事之外，同時也會警告我們，避免去做哪些我們想做的事，因爲做了之後對自己有危害。所以，多練習傾聽內心的聲音，你才能熟悉身體與心靈對各種不同情境的反應，然後你學習到，如何正確詮釋這些反應。

請先從小事情開始。像是，我應該左轉還是右轉？我應該下午去洽公呢，還是明天？我今天該不該帶雨傘？我是現在打電話呢，還是等一會兒？一天當中，我們有太多機會可以問這些小問題。每一次，當你生活上發生類似的困惑時，何不問問自己，然後**傾聽**。

用你的日記，把所有的情況記錄下來。如果你決定帶雨傘，真的有下雨嗎？如果你打了電話，結果真如你的預期嗎？練習久了之後，你將對未來可能出現哪種情形，有了正確答案。

當你對小問題，培養出肯定的感覺與答案，達到這種層次後，你再問更大的問題。

我們對內心世界的探索，通常帶來刺激、新奇的經驗，並引發我們的新觀點、新想法。也許，當我們用習以爲常的方式預想不再有效時，就是開發直覺的時機了。學習詮釋你的直覺訊號，將提供你有效的工具，檢查舊的過去，詮釋新未來。

在這本書裡我經常建議各位開發內心裡的訊息，如運用古文字（86法）、

和通靈者接觸（85法）、瘋狂寫作（89法），除此之外當然還有其他選擇，譬如算命紙牌、易經、扶乩等等。

如果你接觸某些靈異人士，最重要的是，先要懂得傾聽自己。然後，別人若是給你答案，把他的答案和自己的互相比對一下。請記住，你一定要用日記，把你的情況、感覺記錄下來。

你的最後目標是要學習熟悉自己的反應，然後倚重它們，也就是說，倚重你自己的內心。

# 93

# 學習享受獨處

很少有像「獨處」那麼有力量，讓我們接觸內在自我——特別是獨處伴隨著寂靜、外界刺激的消除（如電視、收音機、報紙、雜誌，以及其他種種的流行訊息）。

如果你還不曾做過，那麼，請開始「享用孤獨」吧！獨處會帶給你心靈舒適感。在獨處的時刻裡，你獨自一人思考、閱讀、與大自然溝通、接觸你的直覺、微笑、大笑、哭泣、寬恕，並沉思整個宇宙。

然而，這不意謂著你必須搬到荒野，住進山洞，不必這樣。人際關係對我們內心的成長，也有部份促進作用。只要我們偶爾利用時間再充電，讓靈魂獲得滋潤，同時也爲自己補充能量。

如果獨處讓你飽受威脅，那麼請從最簡單的步驟開始。也許你只是利用午餐時和自己約會，在廣場或教堂靜靜坐著。慢慢再擴充到，星期六下午一人獨

處，安排到公園或不受人打擾的地方去。然後再擴充，整個星期假日待在家裡，讓平靜的心靈照顧你。

獨處的時候要保持自己的創造力。有位朋友，多年來一直利用午餐時間，到一荒廢的公墓去。那是離他辦公室最近的最安靜地方。他表示，在那個公墓獨處，不僅心靈很舒坦，同時也讓他直接面對死亡，讓他有機會檢查生命的課題，並帶來心靈上的提昇。

獨處讓我們有機會面對自己，然後獲得心情上的平靜，這是接觸靈魂的無可比擬方式。

# 94 無爲

午麼事都不做是另一種很有價值的方法，也能幫你接觸內在自我。我第一次學習什麼事都不做，是試圖矯正自己凡事太過急躁，而且我也野心太大，想一口氣把很多事做完。後來我安排每週都有什麼事都不做的時間，終於慢慢體會我應該用哪種更合適的方法，安排我的職業生涯。

當我持之以恆練習什麼事都不做，我終於進入新層次，重新瞭解我的內在生命。在我們這個時代裡，人爲什麼和時間賽跑有很多因素：通常，我們太過講求效率，很想在短時間內做許多事；而有些人匆匆忙忙一直向前奔走，或是想證明他們依然活著，要不然就是無意識的恐懼，害怕停下來。因此，我們有必要檢討自己，爲什麼活得如此匆忙。

學習完全停下來，對我們有極大的建設效果。什麼事都不做，和冥想、獨處是不一樣的，而且更不好練習。等於說，這是一種學習來的習慣，深受文化

慣性影響。其實，偉大的自然有調節我們節奏的力量，當我們太過匆忙，或許老天會讓我們生場病，我們不得不暫停下來，什麼事都不做，這算是老天爺的慈悲。

請接受這個事實：什麼事都不做絕對不會有危險。如果你已經開始放慢腳步、簡化生活，並向內心探索，那麼，練習什麼事都不做一定是駕輕就熟的。你可以先在一天當中的任何時間，什麼事都不做兩、三分鐘。很簡單，把手頭上做的任何事停下來就可以了。並靜坐著，眼睛保持睜開，讓心靈保持覺察，但不要活動，呈現其本來面貌。若能做些深呼吸，效果更好。

然後慢慢增加時間。當你什麼都不做的時間延長得越多，越要注意身體與心靈的反應。或許你會覺得肚子餓、想睡覺，或想起一大堆應該做或想去做的事情。請抗拒這些誘惑，拋開這些情緒糾葛。什麼事都不做是有必要、有價值的清靜良機。

當你能持續練習，當你能好好學習，當你開始喜歡這樣，你將發現，什麼事都不做，反而是一種非常有生產力的「無爲」活動。

# 95

## 隱遁

「隱遁中心」可以提供良好的場地，讓我們擬定計畫，開始簡化內心。到清靜的地方暫時隱遁，你可以安排想從事的活動，或順其自然。如果你剛進入探索內心的領域，那麼，也許你很想在隱遁中心安安靜靜待上幾天，讓你有時間清心寡慾閱讀、思考自己的人生以及未來路向。

在隱遁中心裡，沒有人會來拜訪你，也不必參加任何節目。通常，隱遁中心的設備很簡單，房間裡只有必備家具，若有要求的話還提供餐飲，可在餐廳或自己房間吃。一般的隱遁中心很尊重客人的隱私，氣氛都很安靜，可讓人獨自思考、反省。

隱遁中心同時也提供團體使用，並供應飲食與討論場所，如果要訓練冥想或其他技巧時，他們也能規劃較為安靜的時段。

有時候，我們的預期總是超乎實際現況，因此，在拜訪某個隱遁中心之

前，何妨先收集資料或打電話聯絡，或者，何不順其自然，改變當初的預期心態。我有位朋友，準備用四天的時間，到隱遁中心思考問題，並練習冥想技巧。她期望有個非常安靜的環境，不要有混亂交通與噪音。

哪想到抵達時，她發現房間正對著往西行的高速公路。她非常想退房，可是安靜思考了一會兒，她安心住下來，讓心情隨著高速公路流動。結果，整個週末對她而言，竟產生不可思議的助益，她所完成的東西，超過原先的期待。

到隱遁中心去隱遁起來，是項非常難得的特殊經歷，說不定你很想試試看！

# 96 吐納術

古代的瑜珈修行者說，如果你可以控制呼吸，就可以控制生命。適當的呼吸對內心成長而言，是種重要工具。它能讓你的頭腦變得清晰，激發身體能量，提昇心靈，改善外貌，轉化心情，保持健康，讓精神充滿活力，進入更高層次意識。

請用你的呼吸做體驗，看看改變呼吸方式，能不能對你的生活產生積極影響。瑜珈式的呼吸包括運用腹部與膈膜。如果做法正確，每次吸氣時，肺部會飽吸空氣，而呼氣時，肺部的氣完全排出，不餘一絲廢氣。

首先，你必須坐正或站正，並養成正的習慣，肩部放鬆、胃部縮緊，不可彎腰駝背。

這樣的姿勢同時意謂著，注意自己的意識層次。如果你無精打采、垂頭喪氣、昏昏欲睡、煩躁不安、憂鬱喪志，那麼，應該檢查一下自己的呼吸。

你可以把雙手輕輕放在腹部，用指尖輕觸，緊閉嘴巴，用鼻子吸氣。並運用喉嚨後方，吸入空氣。如果你過度用力，可能會聽到喉嚨後方有輕微摩擦聲。只要你能稍做調整，正常呼吸是聽不到聲音的。

當你用鼻子／喉嚨吸進空氣，腹部會脹大，而肺的底部充滿空氣，然後再擴大上肋骨、肺的上部、胸腔，讓氣沉進腹部，當腹部沉進空氣時，指尖稍爲挪開。

接著向內拉緊腹肌，把空氣從腹部、胸腔、鼻子，平順和緩吐出來，這時，指尖再輕觸腹部。

你可以先背躺下來練習，直到抓出訣竅。每次練習時，呼吸一定要流暢、舒適。最重要的目標是，把意識集中在呼吸上，而這樣的呼吸能自動運作。

讓這樣的呼吸跟你每天的生活結合在一起，並讓你保持最佳狀態，獲得無窮的力量。

## 97 探索夢境

一天早上，我起床，昨晚睡得很好，可是沒多久，突然的昏睡感征服了我。我昏昏欲睡，簡直無法睜開眼睛，終於我重回床上，再睡一會兒。我閉上眼睛，可是人卻整個清醒起來，而且這樣特別清醒的時刻很短暫。竟然，「我」跑出形軀，在肉身之上盤旋。我看到，並感覺到胸部中央有一股螺旋的氣體狀東西飄出。

還弄不清楚這是怎麼回事之前，「我」整個處於螺旋氣體中，然後我感覺到而不是聽到的，「波」一聲，「我」又回到了身體。我看了一下手錶，竟然已經消逝了兩個小時。

這倒底是怎麼回事，我也說不上來，不過我想，這可能是所謂的「肉身脫離經驗」（out-of-body experience，OBE）。有些研究人員指出，我們在睡覺時，經常有機會脫離肉身，可是只有極少數的人記得這種經驗。另有些研

究人員則認爲，肉身脫離經驗只是睡覺時另一層次的做夢意識。不論他們說的那一種爲真，至少，我們每個人都有能力隨意地感受到肉身脫離經驗。

我們爲什麼要體驗肉身脫離的經驗呢？我認爲，那是一種緊張刺激的冒險之旅。對我來說，那是我第一次有機會實際瞭解「我」跟身體分開有什麼感覺，這樣的感覺跟我平常「想」的，根本不一樣。而我也體認到，每個人的那個「我」，是永恆的、不朽的。然而更重要的是，這種經驗大大擴展我對生命、對宇宙的種種可能性的觀感與信念。

如果你常回想夢、記錄夢、分析夢，那麼，想必你很清楚，夢對我們的清醒人生，能提供有價值、或令人驚訝的豐富資訊。夢總是運用直覺，提供答案，那是我們用其他方法所難於企求的。如果你相信做夢，那麼，夢對於我們生活上的所有脈絡，更能提供廣泛的瞭解。

而最近的研究更指出，我們絕對有辦法學習控制夢境，同時創造出我們想要的做夢人生，然後把這樣的力量轉換到清醒人生，讓清醒人生更豐富、更有創造力。這樣的做夢觀，對我們個人成長，提供難以限量的大好機會。

## 98 冥想

在我們的自我拓展、內心成長上，冥想可說是最有力量的工具。透過冥想，我們的心靈將變得特別澄澈。冥想是通向靈魂的主要路向。

冥想有許多方式。你可以藉著呼吸吐納而冥想。你可以藉著聖號而冥想。你也可以注視火焰、燭光而冥想，或藉著前額的內心之光而冥想。

你可以冥想愛、智慧、不朽等等的觀念。或者，你也可以冥想川流不息的種種念頭。你可以坐著、站著、躺著冥想，也可以在走路、大笑、哭泣、舞蹈、吟頌時冥想。生活上從早到晚的任何時刻，你都可以冥想。

我的第一次冥想經驗，是我在多年前簡化了生活之後才初步練習。我買到一本關於冥想的書籍，參考書上說明的技巧，立刻坐下來冥想。

半小時後，我打開眼睛，並深刻感受到，我被以前所無法理解的詳和、平靜感覺緊緊擁抱著。然後我體會出，這真是天賜贈禮。從這一次的經驗裡，我

終於明瞭，冥想並不難，可是效果卻出奇得好，雖然我並沒有每天冥想。後來我才一步步培養出規律的冥想習慣。至今，第一次的美妙經驗仍歷歷在目，深深打動著我。

我想，你的冥想經驗大概跟我差不多。我們每一個人都有獨特的能力結合身、心、靈魂，並展開內在自我的探險之旅。

如果你不知如何開始冥想，建議你去買本教導冥想的書籍，或是問問周遭有冥想經驗的親友，或是好好去找個老師。如果你現在開始練習冥想，那麼，我敢保證，六個月或一年後，你的人生一定變得更美好，同時你也將體會出內心的悅樂。

冥想可以提示我們內心的奧秘。有時候，效果並不是很明顯、直接，但是，久而久之，你一定能體會當中的神奇。沒有任何方法可以取代冥想所帶來的澄澈心靈，而且只有做了之後，才能體會出效果。

# 99 喜悅心情

有好一陣子，我、吉伯斯，還有我家的小狗狗，會一起在日落時分到海灘漫步。落日餘霞的紅粉光輝，令人大嘆造物主的偉業。天空幾抹轉暗的白雲，陪著沉入地平線的夕陽，雲的光影變化萬千，天空越來越朦朧昏暗，西邊的天空，金星忽明忽滅，閃閃可見。

轉看東方，皎潔的明月逐漸昇起。我們坐下來，望著天空多彩多姿的顏色更替。大自然的迷人就在這裡，我們在觀看與欣賞中，獲得無窮樂趣。

第二天，我在工作上竟然出現堅忍耐力。也許，雖然工作上有許多令人煩厭的單調瑣事，但是，我昨天傍晚的喜悅心情延續到今天，沖淡了我的煩厭，甚至在我感到不耐時，立刻聯想到昨天的落日。這等於說，昨晚我創造出一個悅樂的經驗，然後這樣的經驗遮蓋我今日的不愉快。這並不意謂我活在過去，而是我能把喜悅心情貫注到現在。

一天過去了，一星期過去了，我發現，我還是能夠一次又一次，開發喜悅之情，吸收之後呈現於「現在」。即使在今天，幾個月過去了，我仍然感受到落日餘暉的愉悅美顏。

相信每個人都曾有這種愉快的時刻。在別人喜悅的笑容裡，在他們開開心心擁抱小孩時，我們發現到人有這樣的喜悅心情。

請回想一下，你生命中曾有哪些充滿愉悅的時光。那是你關愛自己、關愛其他人的美麗時刻。那時候，你一定相信你可以用愛、用美、用快樂，征服世界；那時候，你一定對生活充滿美好的夢想。

從那樣的夢想、相信、關愛裡，我們真的能爲自己的生命做某種事，創造自己的生活。

請仔細回想那些曾帶給你快樂的事情，然後盡可能，在任何時間、任何地點，讓它們跟你現在的生活關聯一起。

# 100

## 愛

愛是我們生活裡最重要的元素。所有的聖哲、大師，無不承認這件事。但是我卻經常發現，大多數人忘卻了這個偉大課題，太多人遺忘了如何去愛人，甚至從不知要去學習愛人。

對我來說，愛曾經是困難的學習課題。後來，我很幸運，也做得很好，特別是對我的丈夫、家人、朋友。可是，要我愛所有的人類，我仍力有未逮。不過，最近這幾年，我從愛裡面學習到一些東西，我願意提出來與大家分享。

我學習到，爲了愛別人，首先，我們必須學習愛自己。怎麼做呢?很簡單，讓自己做愛做的事。

我曾經跟許多人一樣，在現代工商文化的推動下，相信人生最重要的事，就是努力賺錢，這樣我才能養活自己、並供應家庭。然後，不管我喜不喜歡，我只得照做，這樣才能償付貸款，應付日常開銷。結果呢?我經年累月投注在

工作上，消耗我的青春、我的能量、我的靈魂。

我之所以要簡化生活，目的之一就是，我希望能做我愛做的事，不只是我的職業生活，同時包括生活上任何領域裡的事。

很明顯，變化是逐漸的，而且步驟也不少，我在書上所列的一些步驟，確實給了我很大幫助，譬如說，向專業人員尋求諮商輔導，多親近大自然，思考自己**不想**做什麼事。最後，我發現了寫作與繪畫的樂趣，這兩者正是我愛做的事，因此，我與別人分享愛的方式，也有了不同，而且我也能愛更多的人，並感受到他們身上的愛。

如果你覺得愛的能量微弱，首先就要從自己做起。請撥點時間思考你愛做什麼事，以及做哪些事讓你覺得快樂，然後開始做這些事。別期望你在一夜之中改變。氣質是慢慢變化的，而且，有時候你應該接受一些引導。很幸運，現在有非常豐富的有用資訊，等著幫助你，只要你肯用心找尋。

長久以來，我們總是被教導說，做自己愛做的事就是自私，或是自戀。但這是不正確的，在我們把愛施給他人之前，我們的內心先要充滿愛才行。

國家圖書館出版品預行編目資料

心靈簡單就是美：唯有內心簡單純淨，生命才能
真正富足！／愛琳．詹姆絲：Elaine St.
James）作；黃漢耀譯. --初版. --[臺北縣
]三重市，新路出版：新雨總經銷，1997[民85]
面；　公分--（新視界叢書；004）
譯自：Inner simplicity : 100 ways to
regain peace and nourish your soul
ISBN 957-98983-3-2（平裝）
1. 修身　2. 簡化生活　3. Spirtual life.
4. Simplicity-Religicus aspects.
192.1　　85012378

# 心靈簡單就是美（INNER SIMPLICITY）

出版◇新路出版有限公司
作者◇愛琳．詹姆絲 (Elaine St. James)
譯者◇黃漢耀

發行人◇黃漢耀
出版總監◇吳森明
執行編輯◇王蓓齡
地址◇台北縣三重市重安街 102 號 8 樓
電話◇ (02)974－8139
傳真◇ (02)974－8135
讀者服務專線◇ (02)977－6798
劃撥帳號◇ 18939001　戶名：新路出版有限公司
局版台省業字第 301 號

總經銷◇新雨出版社
電話◇ (02)978－9528　傳真◇ (02)978－9518
排版◇健呈電腦排版公司
印刷◇久裕印刷事業股份有限公司

**出版日期◇ 1997 年 4 月初版一刷**
**定價◇ 180 元**
**ISBN　957-98983-3-2**